二十世紀欽哲傳承大師

蔣揚・欽哲・秋吉・旺楚傳

CHÖGYAL NAMKHAI NORBU
法王南開・諾布 著

譯◎項慧齡
藏文本義譯與編注◎安立哥・德安傑羅（Enrico Dell'Angelo）
義文本英譯◎南西・席蒙斯（Nancy Simmons）

目次

導言

關於本書

這本關於喇嘛蔣揚・欽哲・秋吉・旺楚（Lama Jamyang Khyentse Chökyi Wangchug,1909-1960。即眾所周知的「秋吉・旺楚」和「欽哲仁波切」）的傳記，是由欽哲仁波切的外甥法王南開・諾布（Chögyal Namkhai Norbu）於一九八五年所撰寫，內容是根據他個人的記憶、年少時期所做的筆記，以及親近欽哲仁波切這位大師的其他人的回憶。這本傳記於一九九九年，經過南開・諾布仁波切修訂之後完成。

這本著作屬於西藏文獻的一個重要類別——「namthar」①。「namthar」是一種包含無數法本的文學形式，例如現在也名聞於西方國家的密勒日巴傳，已經鼓舞了世世代代的虔誠西藏佛教徒。「namthar」（傳記，或更精確地說為「聖徒傳」）除了記錄傳記資料之外，也常常把一個了證大師修行的甚深意義介紹給讀者。

秋吉・旺楚的傳記完全是以偈頌（verse）的方式撰寫，雖然它的一般結構和「namthar」文學作品的類型相去不遠，但是它特別生動的敘述卻使這本傳記出類拔萃。它之所以有如此生動的描述，部分是因為作者親眼目睹一些事件的發生，而最重要的是，作者和欽哲仁波切及認識仁波切者之間的親密關係。秋吉・旺楚不只是法王南開・諾布的主要上師之一，同時也是他的母舅，這層關係使他成為一個享有特別待遇的觀察者，進而讓他能了解其他人所無法了解的事件。

欽哲仁波切的生平記述含有大量不可思議的事件，以及在西藏被中國併吞之後，針對此世界面臨不可挽回的失落所做的生動描述，在在引起一般讀者的好奇與興趣，而且對那些與這位大師的傳承及其所傳教法有緣的人而言，這本傳記肯定會是一座鼓舞之泉。

那些對於轉世喇嘛（tulku，祖古）傳承——偉大的蔣揚・欽哲・旺波（Jamyang Khyentse Wangpo, 1820-1892。以下略稱「欽哲・旺波」）②之轉世，熟悉其錯綜曲折之歷史的人，以及熟知宗薩寺（Dzongsar monastery）法座繼承之錯綜與變遷的人，特別會對這本傳記產生興趣。

①在金恩・史密斯（E. Gene Smith）所著的《在藏語法典之間：喜瑪拉雅高原之歷史與文學》（*Among Tibetan Texts: History and Literature of the Himalayan Plasteau*）中，對「namthar」的文學形式有清晰精確的解釋。參見頁13-14。

②蔣揚・欽哲・旺波（Jamyang Khyentse Wangpo, 1820-1892。以下略稱「欽哲・旺波」）也被稱為「貝瑪・歐瑟・東噶・林巴」（Pema Ösal Dongag Lingpa），被薩迦巴（Sakyapa）認證為塔策・堪（Thartse Khen）仁波切強巴・南卡・奇美（Champa Namkha Chime）的轉世。在薩迦巴的哦派傳統之中，塔策・堪仁波切是負責傳授教法的教師（khenpo，堪布）。因此之故，欽哲仁波切在薩迦巴傳統的寺院宗薩寺（Dzongsar monastery）升座。由蔣貢・康楚・羅卓・泰耶（Jamgön

欽哲・旺波與宗薩寺

在西藏佛教史上，欽哲・旺波是一位出色的人物。一八二〇年，欽哲・旺波出生於東藏德格（Derge）王國③境內德龍殿窩村（Terlung）的頂果蒼（Dilgotsang）家族。九歲那年，他被送往宗薩寺；終其一生，宗薩寺一直都是他的主要駐錫地。他和蔣貢・康楚・羅卓・泰耶（Jamgön Kongtrul Lodrö Thaye, 1813-1899。以下略稱「蔣貢・康楚」）④、秋吉・德千・息波・林巴（Chogyur Dechen Shigpo Lingpa, 1829-1870。以下略稱「秋吉・林巴」）⑤是「不分教派運動」（*nonsectarian movement*，或稱「利美運動」〔*rime*〕）的主要倡導人物。「不分教派運動」大大開創了西藏宗教傳統的復興，超越擁戴派系的限制。因為這個潮流之故，許多原本無疑會中斷的教法傳授（教傳），得以沿續至今。許多人把這三位偉大的上師稱為「三妙音⑥」（three Mañjughoṣas〔藏Jampelyang〕，或「三文殊」⑦），因為他們是智慧菩薩——文殊師利（梵Mañjuśrī；藏Jamyang）——的化身。

欽哲・旺波除了是宗教教傳的主要人物之外，他對九世紀末的東藏無疑地也發揮了政治影響力，尤其對當時正經歷巨幅動盪的德格王國更是如此。

在他的弟子當中，有些是那個時期知名的宗教和政治人物。除了已經提及的蔣貢・康楚和秋吉・林巴之外，尚有阿宗・竹巴・卓度・巴沃・多傑（Adzom Drugpa Drodul Pawo Dorje,

1842-1924。以下略稱「阿宗・竹巴」）⑧、蔣揚・羅迭・旺波（Jamyang Loter Wangpo, 1847-1914。以下略稱「羅迭・旺波」）⑨、米龐・蔣揚・南賈・嘉措（Mipham Jamyang Namgyal Gyamtso, 1846-1912）、阿玉・

Kongtrul Lodrö Thaye）為其所撰寫的傳記《*Jamyang Kyhentse Wangpo's Guide to Central Tibet*》，由馬修・阿凱斯特（Matthew Akester）翻譯（編按：此書已於二〇一二年由Serindia出版社出版）。

③德格（Derge）王國是東藏地區獨立或半獨立小國裡最重要的一個國家，它廣闊的領土沿著長江兩岸延伸三萬平方英里。在藏語裡，長江稱為「Drichu」（直曲）。現今德格王國領土的主要部分，已經併入中國的四川省和西藏（西藏自治區）。在傳統上，德格王的祖先被認為是蓮花生大士（Padmasaṃbhava）的弟子；蓮花生大士從西藏中部遷居至康區（Kham）。蔣貢・康楚在針對德格王的簡要宗譜所作的研究中指出，德格王朝的創始和西藏王札西・桑給（Tashi Senge）在十五世紀邀請當通・嘉波（Thangtong Gyalpo, 1361-1464）創立倫竹騰寺（Lhundrubteng monastery）處於同一個時期。一八二八年，國王策望・多傑・仁增（Tsewang Dorje Rigdzin）撰寫德格王宗譜。約瑟夫・柯瑪斯（Josef Kolmaš）所譯的《德格王宗譜》（*A Genealogy of the Kings of Derge*）也包含與此相同的研究和論釋。

④關於蔣貢・康楚・羅卓・泰耶（Jamgön Kongtrul Lodrö Thaye, 1813-1899）這位不可思議人物的傳記，最近已被翻譯出版。參見蔣貢・康楚所著的《蔣貢・康楚自傳》（*Autobiography of Jamgön Kongtrul*）。

⑤掘藏師秋吉・德千・息波・林巴（Chogyur Dechen Shigpo Lingpa, 1829-1870。以下略稱「秋吉・林巴」）和欽哲・旺波、蔣貢・康楚是同一個時代的人物。他們一起推動振興藏傳佛教的「不分教派運動」（藏rime，利美運動）。關於他的傳記，參見烏金・督佳（Orgyen Thobgyal）所著的《秋吉・林巴之生平與教法》（*The Life and Teachings of Chogyur Lingpa*）。

⑥「妙音」（梵Mañjughoṣa）是文殊師利（梵Mañjuśrī）的另一個名號。

⑦許多西藏人都認為這三位偉大的上師是文殊師利菩薩的化身。

⑧阿宗・竹巴・卓度・巴沃・多傑（Adzom Drugpa Drodul Pawo Dorje, 1842-1924。以下略稱「阿宗・竹巴」）

康卓・多傑・巴炯（Ayu Khandro Dorje Paldrön, 1839-1953）⑩、掘藏師壤日（Rangrig, 1847-1903）、持明江秋・多傑（Changchub Dorje, 1826-1961?）⑪、噶陀・錫度・烏金・秋吉・嘉措（Kathog Situ Orgyen Chökyi Gyamtso, 1880-1923。以下略稱「噶陀・錫度」）⑫、掘藏師勒惹・林巴（Lerab Lingpa, 1856-1926）、第三世多竹千・天貝・尼瑪（the third Dodrubchen Tenpai Nyima, 1865-1926）；其他的弟子則多得不勝枚舉。簡而言之，我們可以說，在藏傳佛教最重要的教法之中，絕大多數的教傳傳承至今仍能被人們所修持，一定不可以忘記欽哲・旺波這位偉大的上師。

至於大圓滿教法的教傳，欽哲・旺波和巴楚・烏金・秋吉・旺波（Paltul Orgyen Chökyi Wangpo, 1808-1887。以下略稱「巴楚」）是吉美・嘉威・紐古（Jigme Gyalwai Nyugu, 1765-1843）的主要弟子；而吉美・嘉威・紐古是仁增・吉美・林巴（Rigdzin Jigme Lingpa, 1730-1798。以下略稱「吉美・林巴」）⑬的主要弟子。欽哲・旺波被視為吉美・林巴的轉世，也被視為無垢友（Vimalamitra）尊者⑭和西藏王赤松・德贊（Trisong Detsen）⑮的轉世。

然而，欽哲・旺波轉世的起源卻和薩迦派⑯有關。事實上，他被認證為哦寺（Ngor monastery；藏Ngor Ewam Chöden）⑰大堪布（khenpo，意為「佛學大師」）塔澤（Thartse）堪布強巴・南卡・奇美（Champa Namkha Chime, 1765-1820）的轉世。這位大堪布是薩迦・貢瑪・昆噶・羅卓（Sakya Gongma Kunga Lodrö, 1729-1783）的弟子，也是哦寺的法座持有者一直到一七九三年，之後他前往德格，並且在當地居住數年。欽哲・旺波身為他的轉世，因此被視為該派教法傳承

跟隨當時最偉大的上師修學，例如欽哲・旺波、蔣貢・康楚、巴楚・烏金・秋吉・旺波（Paltul Orgyen Chökyi Wangpo, 1808-1887）仁波切、貝瑪・督杜（Pema Düdul, 1816-1872）及許多其他上師。他是大圓滿教法最重要的傳承持有者之一。他被認證為竹巴噶舉巴（Drugpa Kagyüpa）傳承的代表人物、大學者貝瑪・噶波（Pema Karpo, 1527-1592）的轉世。

⑨蔣揚・羅迭・旺波（Jamyang Loter Wangpo, 1847-1914。以下略稱「羅迭・旺波」）也被稱為「哦巴・本洛・羅迭・旺波」（Ngorpa Pönlop Loter Wangpo），是薩迦派哦寺（Ngor monastery）博學多聞的偉大上師及無數短文的作者，曾經是欽哲・旺波、蔣貢・康楚的弟子，以及米龐・蔣揚・南賈・嘉措（Mipham Jamyang Namgyal Gyamtso, 1846-1912。以下略稱「米龐・嘉措」）的上師。在一九〇〇年代初期，經由羅迭・旺波的努力，德格印經院首次出版薩迦派《道果法》（*Lamdre Lobshe*）的本續。在此之前，《道果法》被視為密法，只以手稿的方式發行。關於此，可參見賽若斯・史提恩斯（Cyrus Stearns）所著的《以果為道：薩迦道果傳統的核心教法》（*Taking the Results as the Path: Core Teachings of the Sakya Lamdre Tradition*）。至於傳記，可參見bSam gtan blo gros所著的《*gSang bdag rdo rje 'dzin*》。

⑩法王南開・諾布（Chögyal Namkhai Norbu）根據他在一九五一年所寫的筆記，為這個不可思議的瑜伽女（yoginī）撰寫一本傳記《一滴甘露：傑尊瑪・多傑・巴炯簡傳》（*A Drop of Nectar, a Short Biography of Jetsünma Dorje Paldrön*：藏 *rJe btsun ma rdo rje dpal sgron gyi rnam thar nyung bsdus bdud rtsi'i zil thigs bzhugs*），並於一九九八年修訂完成。法王南開・諾布仁波切用義大利文口述之後的英譯謄本可在竹青・艾莉昂（Tsultrim Allione）的著作《智慧女性》（*Women of Wisdom*）裡找到。全藏語本傳記的英譯本即將由義大利阿爾奇多索（Arcidosso）的Shang Shung Publications出版。

⑪江秋・多傑（Changchub Dorje, 1826-1961?）是法王南開・諾布的根本上師。

⑫噶陀・錫度・烏金・秋吉・嘉措（Kathog Situ Orgyen Chökyi Gyamtso, 1880-1923。以下略稱「噶陀・錫度」）是噶陀寺（Kathog monastery）錫度（Situ）仁波切傳承的第三世轉世，也是蔣揚・欽哲・旺波的姪兒（或外甥）。參見紐殊・堪布（Nyoshul Khenpo，也有人稱其為「紐殊・堪仁坡切」）所著的《勝妙寶鬘》（*A Marvelous Garland of Rare Gems*），頁436-440。書中也指出，噶陀・錫度死於一九二三年。

⑬仁增・吉美・林巴（Rigdzin Jigme Lingpa, 1730-1798。以下略稱「吉美・林巴」）是大圓滿教法之本續的作

的重要持有者。

欽哲・旺波在幼年時，即被家人送往宗薩寺。這座古老的寺院曾經在一二七五年時，被當時從中國返回西藏途中的法王八思巴（Chögyal Phagpa, 1235-1280）改成薩迦派的寺院。在欽哲・旺波的指導之下，容納數百位比丘的宗薩寺展現一種前所未有的影響力，超越學派所有的局限，成為西藏所有宗教傳統的一個至為重要的修行中心。除了藝術寶藏和珍貴的舍利之外，宗薩寺擁有西藏最重要的圖書館之一，收藏欽哲・旺波在其一生當中收集的所有罕見法本。在這本傳記所述事件發生的時期，宗薩寺在德格地區具有高度的影響力。一九五八年，宗薩寺及其無數雄偉的建築，包括著名的宗薩佛學院，連同西藏許多其他具有歷史性的建築，都徹底被夷平。在一九八〇年代，人們展開重建宗薩寺的工作，其佛學院再度成為著名的佛學中心。

藏傳佛教的轉世系統

欽哲・旺波在一八九二年過世之後，許多祖古被認證為這位出眾上師「身」、「語」、「意」、「事業」、「功德」等不同面向的轉世。⑱對一般的西方人士而言，「轉世」的概念本身就難以令人接受，而同一個人出現數個轉世，則使此概念變得更加難以理解。因此，值得我們來簡短地解釋轉世喇嘛的系統。

在藏傳佛教之中，「祖古」（tulku，或稱「靈童」）是被認證為某個上師（lama，或稱「喇嘛」）轉世的人，這位活在前世的上師已返回世間來完成其利益眾生和佛教教法的工作。西藏的噶瑪噶舉派（Karma Kagyü）⑲認證噶瑪・巴希（Karma Pakshi, 1204-1283）是前任噶瑪巴杜松・虔巴（Tüsum Khyenpa, 1110-1193）的轉世，正式制定了這個轉世的傳統。從這次的認證，這個轉世系

者，也是掘取《龍欽心髓》（藏*Longchen Nyingthig*）的掘藏師。《龍欽心髓》是一部重新被掘取出來的心意伏藏教法（藏gongter）。

⑭在九世紀時，無垢友（Vimalamitra）從印度前往西藏，他是大圓滿傳承最重要的上師之一。參見祖古東竹（Tulku Töndrub）所著的《禪修與奇蹟的大師：藏傳佛教之龍欽心髓傳承》（*Masters of Meditation and Miracles: The Longchen Nyingthig Lineage of Tibetan Buddhism*），頁68-73；紐殊・堪布所著的《勝妙寶鬘》，頁78-82。

⑮赤松・德贊（Trisong Detsen）在西元七五五至七九七年間統治西藏。在他的統治之下，西藏帝國的勢力達到頂峰，其領土往西擴展至今日的阿姆河（Oxus，或媯水、烏滸河），並曾短暫地征服當時的中國首都長安。他邀請寂護（Śāntarakṣita）和蓮花生大士入藏，對佛教普傳於西藏具有決定性的貢獻。

⑯薩迦派是藏傳佛教四大學派之一，由昆・貢秋・嘉波（Khön Könchog Gyalpo, 1034-1102）創立。薩迦派、噶舉派和格魯派屬於追隨新譯派（New Translation；藏ngag sarma）密續的傳統，即在十一世紀期間和之後所翻譯的密續。另一方的寧瑪派（舊譯派）則奠基在舊密續（藏ngag nyingma）之上，換句話說，這些舊密續於佛教首度在西藏傳播期間即已翻譯，比新密續早了三個世紀。

⑰哦寺（Ngor monastery）位於日喀則（Shigatse）之南，一四二九年由昆噶・桑波（Kunga Sangpo, 1382-1456）創立，是薩迦派主要教法系統的來源。

⑱根據藏傳佛教的思惟，一個發光發亮的出眾人物可以對應其「身」（藏ku）、「語」（藏sung）、「意」（藏thug）、「功德」（藏yönten）、「證悟事業」（藏trinle）的明光狀態，而化現出無量的轉世。

⑲噶瑪噶舉派（Karma Kagyü），由噶瑪巴杜松・虔巴（Tüsum Khyenpa, 1110-1193）所創立。

統傳布到藏傳佛教所有的學派，成為藏傳佛教的顯著特徵之一。

這個系統隨著時間而演進，發展出不同認證的方法，並且承認比較重要的上師擁有數個不同的轉世是可能的。認證同一個上師出現一個以上的轉世並不罕見，而且從教義的觀點來看，一個了證者顯現各種不同的色相來利益眾生，完全是可接受的，就如同著名的佛教隱喻所表達的——月映萬川。

另一方面，一個上師也可以在同時被認證為不同大師的轉世。更平常的是，我們應該記得，轉世上師的名號愈重要，不但上師所屬的寺院保證擁有更大的財富和名聲，常常連其家族也會受益。

有時，同一個偉大人物的各種轉世會繼續竭盡所能地進行他的工作，以證明自己配得上他們的前世。然而，即使在最虔誠的信徒眼中，許多轉世多半難以證明自己的作為能符合所背負的盛名。一個轉世喇嘛擁有其前世的所有財產，在某些情況下，這會是一筆價值相當可觀的遺產。因此，被認證為「祖古」常常牽涉經濟與政治地位的取得，這使得他成為一個真正封地的世俗與宗教的領袖。再者，由於轉世上師在其信徒之間具有影響群眾的魅力，因此他成為寺院經濟繁榮的主要保證人。這個錯綜複雜的經濟和權力體系是透過「拉章」（藏 ladrang）⑳——喇嘛駐錫地——的結構來管理，這個結構通常由一位行政官為首，擔任上師的管理者的角色；事實上，他掌控著寺院的經濟和政治。

我們不難想像，「祖古」的認證如何成為一個密謀策劃和巧妙操縱的中心，這跟上師想要實踐成為一個不偏不倚的心靈指引角色幾乎無關。轉世的體系除了在傳授佛教教法方面扮演重要的角色之外，在保有政治和經濟力量方面也不可或缺；它也是一個墮落衰退過程的起點，為西藏佛教史和西藏社會布下陰霾。轉世傳承根植在黨派之爭、褊狹的鄉土主義和氏族忠誠的沃土之上，常常是衝突、濫用權力和不公正行為的起源，而這強化了不同佛教學派內部的分派傾向。儘管偉大的上師們強烈反對，但這個分派主義的顯著習性，以及為了經濟和政治的目的而使用教法，仍然一直持續留存在西藏歷史當中，並且強烈地深植在西藏人民的心中。

就此觀點而言，在其他的詮釋當中，許多偉大上師信奉的「利美運動」和「不分教派」

⑳「拉章」（ladrang）一詞的字義是「喇嘛的宮殿」（the palace of the lama），意指轉世喇嘛的住所和駐錫地。事實上，「拉章」是一個管理喇嘛資產的機構，構成喇嘛政治、經濟力量的核心和基礎。在某個喇嘛過世之後，喇嘛的轉世便會繼承「拉章」這個機構，因此它的組織結構、經濟遺產和政治關係的體系都會世世代代地傳襲下去。「拉章」由行政官（藏chagdzö）負責管理，因此為了所有實際的目的，行政官事實上擁有實質的權力。「如果我們要了解一個喇嘛的行為舉止，我們通常必須去檢視其管理者的觀點。在許多情況下，這個管理者以喇嘛之名，幾乎作出所有世俗和政治的決定。」參見馬文·葛斯坦（Melvyn Goldstein）所著的《西藏現代史》（*A History of Modern Tibet*），第一卷，頁35-36。在這本著作中，作者把「拉章」定義為一個真正的企業。

態度，可以被視為一個深思熟慮、針對黨派偏見和頑固盲從所提出的答案。數個世紀以來，黨派偏見和頑固盲從常常是西藏宗教階級制度固有的特徵。

欽哲・旺波的轉世

在欽哲・旺波的轉世當中，我們可以發現一連串非比尋常的重要人物；其中一些人在佛教教傳歷史上留下不可磨滅的印記。在這些主要的轉世當中，我們要提及的是蔣揚・欽哲・秋吉・羅卓（Jamyang Khyentse Chökyi Lodrö, 1896-1959。以下略稱「秋吉・羅卓」），他被噶陀・錫度和蔣貢・康楚認證，先在噶陀寺（Kathog monastery）㉑升座，然後在宗薩寺升座；噶瑪・欽哲・歐澤（Karma Khyentse Öser, 1896-1945）㉒也被蔣貢・康楚認證，在八蚌寺（Palpung monastery）㉓升座；薩迦・朋波・欽哲・企千・噶旺・圖拓・旺楚（Sakya Phunpo Khyentse Trichen Ngawang Thutob Wangchug, 1900-1950。以下略稱「薩迦・企千・圖拓・旺楚」）㉔出生於薩迦家族；頂果・欽哲・拉索・達瓦（Digo Khyentse Rabsal Dawa, 1910-1991）㉕被雪謙・嘉察・久美・貝瑪・南賈（Shechen Gyaltsab Gyurme Pema Namgyal, 1871-1926）認證；蔣揚・秋吉・旺波（Jamyang Chökyi Wangpo, 1894-1908。以下略稱「秋吉・旺波」）被薩迦・貢瑪（Sakya Gongma）㉖和羅迭・旺波認證，並且在宗薩寺升座為欽哲・旺波的繼任者；拓登・薩迦・師利（Togden Shakya Shri, 1853-1919）㉗之子帕秋・多傑（Phagchog Dorje, 1893-?）㉘；佐千・欽哲・古魯・策旺（Dzogchen Khyentse Guru Tsewang, 1897-1945）㉙，

㉑噶陀寺（Kathog monastery）全名為「噶陀・多傑・丹」（Kathog Dorje Den）是康區的另一座大寺院，在十二世紀由天帕・德謝（Tampa Deshe, 1122-1192）所創建。在經過一段式微的時期之後，督杜・多傑（Düdul Dorje, 1615-1672）和隆薩・寧波（Longsal Nyingpo, 1625-1692）在一六六五年建立一座新寺院。

㉒噶瑪・欽哲・歐澤（Karma Khyentse Öser, 1896-1945）即「佩立・欽哲」（Peri Khyentse）或八蚌・欽哲・噶瑪・欽哲・歐澤（Palpung Khyentse Karma Khyentse Öser）。

㉓八蚌寺（Palpung monastery）是錫度班禪們（Situ Panchens）的駐錫地。一七二七年，德格王天帕・慈仁（Tenpa Tshering, 1678-1738）為錫度班禪・秋吉・炯涅（Chökyi Jyungne, 1699-1774）建造八蚌寺，成為全西藏最重要的佛學中心之一。

㉔薩迦・朋波・欽哲・企千・噶旺・圖拓・旺楚（Sakya Phunpo Khyentse Trichen Ngawang Thutob Wangchug, 1900-1950）的全名是「噶旺・圖拓・旺楚・札殊・雍登・嘉措」（Ngawang Thutob Wangchug Tragshul Yönten Gyamtso），是薩迦派法座的第四十一任持有者。參見大衛・傑克森（David P. Jackson）所著的《在西雅圖的聖哲：西藏神祕的德中仁波切之生平》（*A Saint in Seattle: The Life of the Tibetan Mystic Dezhung Rinpoche*；藏 *Mkhyen rab chos kyi 'od zer rnam thar nyung bsdus rin chen sgron me*），頁145、注（561），第四十六張圖片。

㉕頂果・欽哲・拉索・達瓦（Dilgo Khyentse Rabsal Dawa, 1910-1991。以下略稱「頂果・欽哲」）也被稱為「雪謙寺的頂果・欽哲・札西・帕久」（Dilgo Khyentse Tashi Paljyor），是寧瑪巴的偉大上師之一，在中國佔領西藏之後，他在保存藏傳佛教教法方面扮演重要的角色。雪謙・嘉察・久美・貝瑪・南賈（Shechen Gyaltsab Gyurme Pema Namgyal, 1871-1926。以下略稱「雪謙・嘉察」）認證他為欽哲・旺波的「意」化身。此外，許多其他上師也認證他為其他上師的祖古。參見馬修・李卡德（Matthieu Ricard）為頂果・欽哲仁波切所撰寫的傳記《證悟的旅程》（*Journey to Enlightenment: The Life and World of Khyentse Rinpoche, Spirtual Teacher from Tibet*），以及頂果・欽哲仁波切撰寫的自傳《明月：頂果・欽哲法王自傳與訪談錄》（*Brilliant Moon: the autobiography of Dilgo Khyentse*）。

㉖「薩迦・貢瑪」（Sakya Gongma）是薩迦派之首的頭銜，也稱為「薩迦・崔巴」（Sakya Tripa）或「薩迦・企千」（Sakya Tridzin），這是一個父傳子的世襲頭銜。薩迦派的「昆」（Khön）家族的兩個分支分別在度母宮（Drolma Phodrang，又稱「卓瑪頗章」）和彭措宮（Phuntsog Phodrang，又稱「彭措頗章」）升座（參見第

以及囊謙・欽哲・昆桑・卓度（Nangchen Khyentse Kunsang Drodul, 1897-1946）㉚，在札・巴美寺（Dza Barme Gönpa或Za Palme）升座。

在以上列舉的上師當中，有時或兩位或三位上師被認為是欽哲・旺波的「意」化身，至少兩位是他的「功德」化身，但並非所有的消息來源都同意不同的轉世代表「身」、「語」、「意」、「功德」的哪一個面向。例如，某些人認為秋吉・旺波及其之後的轉世是欽哲・旺波「意」的轉世，而其他大多數的人則表示他們是「身」的轉世。人們對帕秋・多傑也有分歧的看法，一些消息來源辨識他為「意」化身，而其他消息來源則認為他體現「功德」的面向。

欽哲・旺波轉世認定的衝突

可以肯定的是，秋吉・旺波在一八九七年於宗薩升座為欽哲・旺波的第一位繼任者。沒有任何正式的傳記顯示，在秋吉・旺波之前有欽哲・旺波的繼任者。法王南開・諾布提及，由其舅舅秋吉・旺楚所撰寫的一本傳記在中國入侵西藏之後遺失了，提供給他本書所含資訊的是萬陀寺（Wöntö monastery）㉛的堪布欽惹・秋吉・歐澤（Khyenrab Chökyi Öser, 1889-1958）㉜，以及法王南開・諾布的外曾祖母、秋吉・旺波的母親拉嫫・措（Lhamo Tso）。秋吉・旺波這位上師在幼年時即已展現非比尋常的功德，並且在一九〇八年，正值青春年少時死於佐千寺（Dzogchen monastery）㉝。

一章注②），交替擔任薩迦派首領的角色。族長的其中一個兒子擔負起延續世系、傳授該派教法的責任；另一個兒子則藉由領受比丘具足戒，以保持單身的方式來維繫傳統。在這些事件發生的時期，度母宮這一支的代表昆噶・寧波・桑佩・諾布（Kunga Nyingpo Samphel Norbu, 1850-1899）升座，並且在一八八三年至一八九九年這段期間擔任薩迦派的首領。

㉗拓登・薩迦・師利（Togden Shakya Shri, 1853-1919）原本來自康區，是屬於竹巴噶舉巴傳統的上師。他的傳記是由噶陀・錫度所撰寫，由伊利歐・古利斯科（Elio Guarisco）從藏語英譯為《拓登・薩迦・師利——一位西藏瑜伽士的生平與解脫》（*Togden Shakya Shri: The Life and Liberation of a Tibetan Yogin*）。

㉘帕秋・多傑（Phagchog Dorje, 1893-?）也被稱為「堪竹・日巴增」（Khedrub Rigpadzin）；金恩・史密斯在《在藏語法典之間：喜瑪拉雅高原之歷史與文學》，確定他是欽哲・旺波「意」的轉世。（頁268）

㉙佐千・欽哲・古魯・策旺（Dzogchen Khyentse Guru Tsewang, 1897-1945），佐千寺的上師。

㉚囊謙・欽哲・昆桑・卓度（Nangchen Khyentse Kunsang Drodul, 1897-1946）即札・巴美寺（Za Palme Gönpa）的昆桑・卓度・德千・多傑（Kunsang Drodul Dechen Dorje）。

㉛萬陀寺（Wöntö monastery）是薩迦巴寺院，名為「德格・萬陀・貢」（Derge Wöntö Gön），欽惹・秋吉・歐澤（Khyenrab Chökyi Öser）在此任教。關於這座寺院的歷史，參見《*dKar mdzes khul gyi dgon*》，第一卷，頁455。

㉜堪布欽惹・秋吉・歐澤（Khyenrab Chökyi Öser, 1889-1958）是薩迦派萬陀佛學院的堪布。本書作者在萬陀佛學院研習數年。從一九二〇年至一九二九年，欽惹・秋吉・歐澤擔任宗薩・康傑（Dzongsar Khamje）佛學院的堪布，之後在八蚌寺的佛學院任教七年。他是宗薩寺著名的堪布賢嘎（Zhenga）的弟子（參見本章注㊿，以及在頁70圖6）。一九五八年，他遭到中共逮捕，死於獄中。參見大衛・傑克森所著的《在西雅圖的聖哲：西藏神祕的德中仁波切之生平》，頁51與注（191）-（192）。法王南開・諾布曾經為這位上師撰寫一本簡傳《殊勝寶瓶：欽惹・秋吉・歐澤簡傳》（*The Good and Precious Vase: A Short Concentrated Biography of Khyenrab Chökyi Öser*；藏 *Mkhyen rab chos kyi 'od zer rnam thar nyung bsdus rin chen sgron me*），但尚未出版。另一個包含他的一些著述的傳記，可在二〇〇七年出版的《*Dge legs phun tshogs, Dbon stod mkhyen rab kyi rnam thar dang gsung gces btus, Dge legs 'do 'jo'i dpe tshogs*》找到。

關於秋吉・旺波的存在這個問題，曾經撰寫宗薩寺歷史的許多當代西藏作者一般對此都採取逃避的態度。毫無疑問地，人們之所以採取這種忽略的態度，乃是因為秋吉・旺波的轉世秋吉・旺楚的追隨者，以及秋吉・羅卓的追隨者之間所爆發的衝突。這個衝突後來導致秋吉・旺楚離開宗薩寺，近代的宗薩寺歷史甚至未提及秋吉・旺波的名字。數個作者在提及秋吉・旺波時都語帶含糊，留下做出各種不同詮釋的空間。在紐殊・堪布（Nyoshul Khenpo，也有人稱其為「紐殊・堪仁波切」）所著的《勝妙寶鬘》（*A Marvelous Garland of Rare Gems*）裡，也用以下匿名的方式來指稱秋吉・旺波：「在這段學習的時期，欽哲・旺波的另一個轉世已經前往宗薩寺並升座；然而，後來證明這個重責大任對於他的長壽是一大障礙。」㉞

其他的作者則出於善意地提出一個令人困惑的版本。烏金・督佳（Ugyen Topgyal）仁波切在其記述秋吉・羅卓的生平時說道：「一個轉世在宗薩寺的主座升座，另一個在佐千寺升座。一個轉世被羅迭・旺波認證，並且被稱為『噶林・欽哲』（Galing Khyentse）」㉟，他並未了解到「噶林・欽哲」其實就是已經在宗薩寺升座的上師轉世，也就是上述的秋吉・旺波。在某些人刻意相信自己偏頗的事件版本，以及其他人試圖模糊人們不安的記憶（即爆發爭鬥是為了掌控欽哲・旺波寺院），以期能平靜度日的情況下，這種不確定是可以完全被理解的。

針對這件事情而言，絕大多數受到我質問的西藏人都保持緘默，而且在許多情況下，都顯露出難掩的尷尬。在康區和印度遇到西藏人的經驗，已經使我確信，就此而言，派系之間的仇恨與敵意仍然存在，且顯然也已經傳遞給新生的世代。

比較不偏袒的作者通常試圖把其中的衝突減到最低，並且把它的重要性降到次要的地位。在考慮到寺院的盛名和不願涉入的轉世上師的名聲的情況下，這個衝突事實上一定相當激烈。因為在一九三〇年時，為了調解派系之爭，還出動德格王國的大臣恰果・圖登（Chagö Tobden, 1898-1960）㊱，以及舉世公認的偉大上師、時任宗薩佛學院堪布的蔣賈仁波切（Jamgyal Rinpoche, 1870-1940）㊲居中斡旋。

㉝佐千寺（Dzogchen monastery）全名為「路丹・佐千・烏金・桑田・秋林」（Rudam Dzogchen Orgyen Samten Chöling），一六八五年由貝瑪・仁增（Pema Rigdzin, 1625-1697）在路丹・康多（Rudam Kangtrö）附近所創立，是東藏主要的朝聖地之一。它是康區規模最大的寧瑪派寺院。

㉞紐殊・堪布，《勝妙寶鬘》，頁298。

㉟這段引言出自www.lotswa.org，目前這個網頁已經不存在。

㊱恰果・圖登（Chagö Tobden, 1898-1960）出身恰果・蒼（Chagö Tsang）家族。德格王吉美・塔佩・多傑（Jigme Thagpai Dorje, 1840-1896）因為恰果・圖登的祖父貝瑪・雷竹（Pema Ledrub）在對抗小國瞻對（Nyarong。譯按：即今四川省甘孜州新龍縣）的首長貢波・南賈（Gönpo Namgyal）的戰爭中立下功績，因而賜予貝瑪・雷竹「涅千」（nyerchen）的頭銜。在德格政府的階級制度中，「涅千」的位階僅次於國王，其地位等同於攝政王（藏gyaltsab）和行政官，「涅千」和行政官一起執行王國大臣的角色。貝瑪・雷竹之子札西・南賈（Tashi Namgyal）從其父處繼承了這個頭銜。當德格王吉美・塔佩・多傑的兩個兒子阿佳（Aja）和帕巴（Paba）因為爭奪王位而爭鋒相對時，札西・南賈與帕巴站在同一陣線，因而被反對黨的成員毒害。那時，恰果・圖登十歲。他和母親流亡拉薩，和兄弟恰果・

這兩位人物對這些具毀滅性、因長期爭鬥而引發的衝突有第一手的直接經驗。在德格皇室內部發生王朝鬥爭後，恰果・圖登及其家人流亡拉薩，他在拉薩長住一段時間後返回德格。至於蔣賈仁波切則是在數十年前，發現自己置身於兩次前所未有的嚴酷衝突之中，一

策南（Chagö Tsenam）在一所貴族子弟的學校就讀，因此他在那裡建立起重要的友誼。在德格被中藏佔領之後，他正是因為透過其中一個朋友，而在一九二九年返回故鄉，被賜予「涅千」的職位。時年三十二歲的恰果，從此展開了會使他成為歷史事件上重量級人物的政治生涯。在二十世紀的上半葉，這些事件都和德格、中藏等地區有所牽連。

恰果具有堅強的性格和非比尋常的群眾魅力，他憑直覺知道（或許比其他許多同胞和同事更清楚地知道）異常的改變將不可避免地發生，並且至少在某段時期，他生起一個康區自治的構想——偶爾採取看似相互牴觸的政治策略。他生命中的事件是那麼地引人爭議，以致西藏的同胞對他產生極為分歧的看法，在那個歷史時期，這些可能仍然反映出彼此對抗之派系間的對立觀點。

恰果首先和中國國民黨結盟。當時，中國國民黨想要恰果擔任一個省份的省長，統一西藏東部地區。當中國國民黨被共產黨擊敗之後，恰果見風轉舵，加入共產黨的陣營。事實上，在一九三六年，他支持類烏齊寺（Riwoche monastery）的寧瑪派格熱喇嘛（Garwa Lama；藏 mGar ba bla ma。即「諾那呼圖克圖」〔Nuola Hutuketu〕），加入對抗由張國燾和朱德帶領之紅軍的戰役。法王南開・諾布敘述，在那段進攻期間，有一場戰役發生在木里措湖（Lake Muritsho）附近，中國士兵的血染紅了湖水，戰況之激烈可見一斑。在一場伏擊之中，恰果因為手榴彈爆炸而受傷，被俘虜並送往甘孜。他在甘孜受到照顧並療傷，因而有機會認識包括朱德在內的共產黨高階領袖，並和朱德兩人惺惺相惜。當紅軍設立「中華蘇維埃甘孜博巴政府」時，恰果成為軍政大臣。幾年之後，當中國軍隊攻擊昌都時，恰果負責組織安排介於甘孜和德格之間大片土地的軍隊糧食運輸。從一九五〇年到一九六〇年他過世期間，中共政府繼續指派他擔任重要的角色。

在一九四〇年代初期，巴帕・彭措・旺賈（Bapa

Phungtsog Wangyal）曾經和恰果多次會面商談。根據巴帕．彭措．旺賈的說法，恰果反對把不同的西藏種族團體統一在「大西藏」（Great Tibet）之內的任何想法，並且把康巴（Khampas）視為獨立的種族團體。參見馬文．葛斯坦等人所著的《西藏革命》（*A Tibetan Revolutionary: The Political Life and Times of Bapa Phüntso Wangye*），頁53-55、頁138。但顯而易見的，隨著年歲的流逝，恰果的想法也改變了。事實上，根據馬文．葛斯坦的訪談紀錄（《西藏現代史》，第二卷，頁529），一九五五年，第十四世達賴喇嘛從中國返回西藏途中，曾在恰果家停留兩、三天。恰果對達賴喇嘛說，一個統一所有西藏種族團體的獨立西藏是有其必要的。

法王南開．諾布在青少年時期，曾經有機會和恰果相處。他記得，恰果是一個非比尋常的人物，他說：「恰果是一個重要的政治人物，但是他也具有不尋常的修行特質——一個熟知大圓滿教法的修行者。在一九五三年至一九五五年之間，我住在打箭爐（Tatsien-do，今譯「達澤多」）一段時間，每個星期天早晨，我去看他，我們會一起吃午餐。每一次，他都會從櫃子裡取出龍欽巴（Longchenpa）的著作「龍欽七寶藏」（藏Dzö Dün），然後我們一起閱讀，消磨許多時間。我當時年紀很輕，也比較偏向智識的態度，儘管如此，他仍然試圖說明它們的深刻意義。每天早晨，他長時間獨自靜默，保持全神貫注，以致人們說他一定是在思考他的職務或政治策略。但我個人的看法是，他比較可能是在從事觀修。」

關於與恰果的生平有關的事件，參見彭文斌所著的《康巴自治運動》（*Khampa Self-rule Movements*），頁57-84，注（222），注（226）；艾略特．史佩林（Elliot Sperling）的《紅軍首遇西藏》（*The Red Army's First Encounters with Tibet*）；bSam gtan所著的《*Bya rgod stobs ldan skyes*》；以及Blo gros phun tshogs等人的著作《*sDe dge'i lo rgyus*》，頁185-204，這本書對恰果生平的事件和家族歷史有詳細的摘要。

㊲蔣賈仁波切（Jamgyal Rinpoche, 1870-1940），「Jamgyal」（蔣賈）是「Jamyang Gyaltsen」（蔣揚．嘉岑）的縮寫。他是薩迦派的偉大上師，曾在一九二九至一九三〇年間擔任宗薩．康傑佛學院的堪布（參見頁70圖6）。蔣揚．欽哲．秋吉．旺楚（Lama Jamyang Khyentse Chökyi Wangchug,1909-1960。以下略稱「秋吉．旺楚」）是他的主要弟子之一。一九三一年，秋吉．旺楚在放棄其駐錫地之後，於位在宗薩河谷盡頭山上的噶古（Gagu）隱居所（參見頁76圖9），從蔣賈仁波切處領受《道果法》的口傳。關於這個事件，參見德中（Dezhung）仁波切所著的《*rJe btsun bla ma 'jam dbyangs*》，頁181-224。關於德中仁波切，參見大衛．傑克森所著的《在西雅圖的聖哲：西藏神祕的德中仁波切之生平》，頁55-60。

次是和塔浪寺（Tharlam monastery）㊳的行政官員，當時他擔任維那師（藏 umdze）的職位；另一次是和囊謙（Nangchen）㊴當地的首長，這位首長先把他打入大牢，最後把他逐出寺院和囊謙地區。㊵因此，恰果．圖登和蔣賈仁波切都相信，派系之爭使秋吉．旺楚放棄宗薩寺，重新在德格．貢千寺（Derge Gönchen）㊶落腳。

同一年，在秋吉．旺楚移居德格．貢千寺不久之後，就被不明人士下毒，唯有經過秋吉．羅卓親自干預之後才被救活。毒害喇嘛和重要人物，無疑地是一種為達私利所採取的簡便手段。一九五二年，本書作者被舅舅送往宗薩寺向秋吉．羅卓領受「道次第」（Lamdre）的教法。在停留該寺期間，他也同樣地受到毒害，秋吉．羅卓再次地修法介入，而使他能死裡逃生。

在這本傳記之中，這個衝突及其解決之道具有核心的重要性，而唯有透過真正了解實相的究竟本質，才能夠找到和諧。就此而言，如金恩．史密斯（E. Gene Smith）清楚解釋的，「namthar」具有實際教導的功用，以及克服二元分立見解之限制的指南。㊷宗教社群和組織的歷史，說明了那些相同的墮落機制持續不斷地複製上演，因微不足道的世俗利益而壯大，已經改變了原始訊息的本質，引起腐敗墮落，最後造成一些組織機構的衰微。

本書要闡述的是，相對於假借修行之名而製造無盡衝突的對立派系，另一種是不受到自我主義遮蔽而失去理智的觀見之道（way of seeing），它唯有在了解和應用上師教法的甚深意義之下，才能夠生起。

在秋吉·旺波的轉世秋吉・旺楚的傳記之中，這項關注是主要的論題之一。它呈現了西藏高原這個世界在中共入侵之前的時期，是一片登峰造極的修行和最猖狂的唯物主義共存的土地，聖哲和充滿智慧的上師的追隨者滋養著錯綜複雜的陰謀和仇恨，並且深入之後的世世代代。

㊳塔浪寺（Tharlam monastery）是康區西北部噶帕（Gapa）地區的薩迦巴寺院。

㊴囊謙（Nangchen）是康區的一部分，曾經是東藏五個獨立的小國之一，位於德格之北、結古鎮（Kyegundo）之南的一個地區。關於此地區的資訊，可參見噶瑪·聽列（Karma Thinley）所著的《囊謙、康區和東藏歷史之重要事件與地點》（*Important Events and Places in the History of Nangchin, Kham, and Eastern Tibet*），以及丹瑪·蔣揚·促慶（lDan ma 'jam dbyangs tshul khrims）所著的《康木朵簡史》（*Khams stod lo rgyus*）。

㊵德中仁波切所著的《*rJe btsun bla ma 'jam dbyangs*》，對這些事件有詳盡的描述。參見頁181-247。

㊶這個薩迦派著名的寺院即是舉世聞名的德格·貢千寺（Derge Gönchen）。於一四四八年，由當通·嘉波應當時的德格王札西·桑給之邀，創建德格·貢千寺，其名為「倫竹騰」（Lhundrubteng）的寺院構成德格首府的心臟，也是德格首府政治與宗教的中心，德格王的住所即位於倫竹騰寺內。在大衛·傑克森所著的《在西雅圖的聖哲：西藏神祕的德中仁波切之生平》注（225）中，對秋吉·旺楚住於德格·貢千寺有所記述。針對有關導致秋吉·旺楚疏遠宗薩的事件，提及蔣揚·欽哲·秋吉·羅卓（Jamyang Khyentse Chökyi Lodrö。以下略稱「秋吉·羅卓」）的行政官對秋吉·旺楚懷有敵意，這條注釋是唯一一個不偏不倚的報導。

㊷參見金恩·史密斯《在藏語法典之間：喜瑪拉雅高原之歷史與文學》，頁14。

二十世紀西藏的歷史背景

本書所陳述事件的歷史背景脈絡，發生在二十世紀上半葉的西藏。當時，大多數的人口因為在世界其他地方發生的事件而死亡消失，只有極少數人能預見激烈的動亂將很快地降臨在他們身上，並且面臨不可避免的改變。

一九一二年，清朝的最後一位皇帝退位。從那年開始，第十三世達賴喇嘛統御完全獨立的西藏，直到一九三三年他去世為止。在中國，清朝垮台之後，一個共和國在袁世凱的指導之下建立，並且於一九二七年，被蔣介石的國民政府所接替。西藏繼續保持實質的獨立，直到毛澤東的共產黨在一九四九年掌權為止。

在第十三世達賴喇嘛去世和第十四世達賴喇嘛升座登基之間的那段時期，西藏由兩位攝政王掌理。本傳記之所以提及第一位攝政王瑞廷（Reting）仁波切㊸，是因為他在一九四二年遇見秋吉．旺楚。這次的相遇，大約發生在人們以瑞廷仁波切未持守獨身的誓戒為藉口，而強迫其退位的一年之後。事實上，常規規定，為了使授戒儀式具有效力，年輕的達賴喇嘛必須從一個本身毫無違犯的比丘攝政王處領受比丘戒。一九四七年時，瑞廷仁波切試圖用採取政變的方式重新掌權而失敗，最後在牢獄中遇害。

一九五〇年，當時還不滿十五歲的第十四世達賴喇嘛丹增．嘉措（Tendzin Gyamtso）正式掌權。一九五一年五月二十三日，西藏政府的外交使節㊹在未取得達賴喇嘛政府的正式授權之下，簽署聲名狼藉的「關於和平解放西藏辦法的協議」（Agreement in Seventeen Points for the Peaceful Liberation of Tibet。全名為「中央人民政府和西藏地方政府關於和平解放西藏辦法的協議」，簡稱「十七條協議」）。在簽署協議之後的同年九月九日，人民解放軍的先鋒部隊在王其美的指揮之下，進入拉薩。一九五九年三月，在西藏人民起義遭中國鎮壓之後，達賴喇嘛尋求印度的庇護。

另一方面，在二十世紀的整個上半葉，西藏高原東部的大部分地區一直處於極度不穩定的狀態。根據當時佔優勢的中國軍閥或各種地方首長的財富，各種勢力範圍、地盤掌控和邊界的劃定都經歷許多變化。德格王國是西藏東部比較重要的獨立小國，本傳記中所記述的事件，大多發生在這個地方。在十九世紀下半葉之初，一連串的事件使德格王國陷入不

㊸瑞廷・蔣佩・耶喜・嘉岑（Reting Jampel Yeshe Gyaltsen, 1911-1947）即眾所周知的瑞廷（Reting）仁波切，在當今的達賴喇嘛尚未成年之前，擔任攝政王的角色。當時，他置身錯綜複雜的政治情勢之中，最後使他入獄，並且死於獄中。參見休葛・李察森（Hugh E. Richardson）所著的《一九四七年的陰謀》（*The Rva-sgreng Conspiracy of 1947*）；馬文・葛斯坦的《西藏現代史》，第一卷，頁310-521；第二卷，頁200-204、頁235-236。

㊹法王南開・諾布敘述，一九五一年時，被派遣至北京並開始與中國政府展開談判的代表團成員阿沛・阿旺・晉美（Ngapö Ngawang Jigme），在三月底、四月初之間停留噶林騰寺（Galingteng monastery）一宿。在那裡，他會見了秋吉・旺楚，請求仁波切為此行賜予護身符和特殊的加持。那天傍晚，他和法王南開・諾布的姊妹蔣秋（Jamchö）長談。

穩定的狀態。一八六二年，小國瞻對（Nyarong。譯按：即今四川省甘孜州新龍縣）殘酷好鬥的首長貢波・南賈（Gönpo Namgyal）派遣軍隊入侵德格，首度毀壞了德格獨立的地位。最後，在來自西藏中部軍隊的介入之下，貢波・南賈終於戰敗。

繼此之後，德格王吉美・塔佩・多傑（Jigme Thagpai Dorje, 1840-1896）的兩個兒子多傑・桑給（Dorje Senge, 1865-1919，稱號「阿佳」〔Aja〕）、噶旺・蔣佩・仁千（Ngawang Jampel Rinchen，稱號「帕巴」〔Paba〕）之間的權力鬥爭，為中國的入侵打開門戶。當時中國入侵的目標，是把小國放在他們的直接監管之下。在一九〇八年末，滿洲宮廷的邊務大臣趙爾豐（對他不滿的四川人稱其為「趙屠夫」）從德格王室內部的鬥爭獲益，以前來協助與同父異母的弟弟陷入王座衝突的哥哥多傑・桑給為藉口，率軍佔領德格，將之置於中國的統治之下。

數世紀以來，一直以獨立自治國存在的德格，受到中國的控制，直到一九一九年為止。在那一年，西藏政府軍重新掌控在之前的爭鬥所喪失的東藏領地，把德格置於達賴喇嘛政府的勢力範圍之內，結束中國的統治。多傑・桑給之子策旺・督杜（Tsewang Düdul, 1916-1942）[45]繼位登基。

一九三二年，位於現今甘孜縣的白利寺（Peri monastery）因為寺產所有的問題而出現衝突，行動幾乎完全獨立自主的軍閥劉文輝率領軍隊，戰勝西藏政府的軍隊。當時，西藏政府軍隊為了陷入鬥爭的黨派之一而出面仲裁。因此之故，德格正式落入國民黨蔣介石將軍的控制。長江（藏語「Drichu」，音譯為「直曲」）以東的所有版圖屬於中國的勢力範圍，而長江以西、以昌都為首府的版圖則仍然在達賴喇嘛政府的控制之下。

一九三九年一月，國民政府成立西康省，將長江以東版圖的絕大部分納入該省。一九四二年，德格王策旺．督杜過世時，其子烏噶（Uga）年僅四歲，因此無法掌控王國的命運。緣此之故，恰果．圖登提議邀請卡桑．旺度（Kalsang Wangdü）從拉薩前來。卡桑．旺度的父親帕巴曾經和同父異母的哥哥多傑．桑給（阿佳）爭奪王位。恰果．圖登因為舊時的一段聯姻而和卡桑．旺度的家族建立關係。這個計畫受到劉文輝和德格王后策揚．帕默（Tseyang Palmo，即蔣揚．帕默〔Jamyang Palmo〕）的反對，王后主張把德格王國的政府暫時交由八蚌．錫度（Palpung Situ）託管。此舉引發兩個對立黨派的仇恨與爭鬥，使德格有一個主要當權者的假象瓦解。在一九四九年和一九五〇年之間，中共政府佔領長江以東和以西的整個康區，這是西藏高原的人民面臨苦難折磨的開始。㊻

㊺策旺．督杜（Tsewang Düdul, 1916-1942）是德格王多傑．桑給（即「阿佳」）和其第二個妻子所生之子。他被第五世佐千仁波切圖登．秋吉．多傑（Thubten Chökyi Dorje, 1872-1935）認證為米龐．嘉措的化身。參見德中仁波切所著的《*Chos ldan sa skyong rgyal*》；以及Blo gros phun tshogs等人所著的《*sDe dge'i lo rgyus*》，頁86-90。

㊻關於德格王國之歷史事件的描述，可參見艾利克．德克曼（Eric Teichman）耐人尋味的著作《領事官遊歷東藏》（*Travels of a Consular Officer in Eastern Tibet*）；艾略

秋吉·旺楚的生平

秋吉·旺楚的生平事蹟雖然和上述的歷史事件緊密交織，但是從本書描述他的方式，則是指出他生命最深邃的部分，幾乎時時刻刻都安住在超越歷史之外的範疇裡，其基本上並未受到暫時的真實事件，以及圍繞著他的政治社會背景脈絡所影響。

如秋吉·旺波所授記預示的，一九〇九年三月十七日，秋吉·旺楚仁波切出生在德格首府南邊龔埡鄉（Changra）㊼的格甌（Geog或Geug）山谷。他的母親桑竹·卓瑪（Samdrub Drönma）是秋吉·旺波的姊妹，也是本書作者的外婆。桑竹·卓瑪嫁給蔣揚·欽列（Jamyang Trinle）；他是德格王的官員，出身古老的俄那·蒼（Ngona Tsang）家族。

第五世佐千仁波切圖登·秋吉·多傑（Thubten Chökyi Dorje, 1872-1935。以下略稱「秋吉·多傑」）、羅迭·旺波和噶陀·錫度認證他為欽哲·旺波的轉世。五歲那年，他在他前任的駐錫地升座。在傳記之中，秋吉·旺楚也被稱為「吽千·嘿卡·林巴」（Humchen Heka Lingpa），這是他身為掘藏師（tertön）的名號。「吉札·圖佩·天秋·秋吉·嘉措」（Jigdral Thubpai Tenchö Chökyi Gyamtso）是他的主要名號之一，一九四二年，他在哦寺領受比丘戒（藏nyendzog）㊽時，被授予這個名號。

從最早年起，秋吉·旺楚即顯示出他對佛教教法的全心奉獻，專心致力於弘揚佛教教法，利益眾生。他遇見那個時代最偉大的上師，從他們身上領受教法。在這些偉大的上師當中，包括上述的佐千仁波切秋吉・多傑、羅迭・旺波、噶陀・錫度、秋吉・羅卓、阿宗・竹巴、昆噶・帕登（Kunga Palden, 1878-1950）㊾、堪布賢嘎（Zhenga, 1871-1927）㊿、蔣賈仁波切、企

特・史佩林的《歷險中國康區》（*The Chinese Venture in Ka'm*）、《紅軍首遇西藏》；彭文斌的《康巴自治運動》；Blo gros phun tshogs等人所著的《*sDe dge'i lo rgyus*》。

㊼龔埡鄉（Changra）位於德格西南方數英里處，德格王的夏宮即坐落於此。

㊽領受比丘具足戒是薩迦派的傳統。這些比丘會被授予「扎雲」（tragyün）的稱謂。

㊾昆噶・帕登（Kunga Palden, 1878-1950）原本屬於薩迦派，是巴楚仁波切及其弟子烏金・丹增・諾布（Orgyen Tendzin Norbu, 1827-1888）的弟子，也是米龐・嘉措和阿宗・竹巴的弟子。他把一生大部分的時間都用來從事閉關。參見南開・諾布為《由本覺觀見自解脫》（*Self-Liberation through Seeing with Naked Awareness*）所寫的序言（頁xi）；紐殊・堪布所著的《勝妙寶鬘》，有關於昆噶・帕登的簡傳（頁487-488）。在這部傳記中，紐殊・堪布提到宗薩・欽哲（Dzongsar Khyentse）應該也要被包括在昆噶・帕登比較重要的弟子之列。一篇紀錄——可能是法本譯者暨彙整者李察・巴朗（Richard Barron）的著作——明確地指出，此處所指的「宗薩・欽哲」應該是指秋吉・羅卓，頂果・欽哲所著的《明月》提及秋吉・羅卓這位大師（頁29與頁48）。

㊿堪布賢嘎（Zhenga, 1871-1927）即賢遍・秋吉・囊瓦（Zhenphen Chökyi Nangwa），原本來自西藏東部游牧民居住的地區札處卡（Dzachuka），是巴楚仁波切的主要弟子烏金・丹增・諾布的弟子。他成為佐千寺的堪布，被認為是當時最偉大的學者和了證上師之一。他彙編各種論著和論釋，其中包括《*'Dul ba mdo rtsa ba zhes bya ba'i mchan 'grel*》、《*mGon pa mdzod kyi mchan 'grel shes bya'i me long*》以及《*gZhung chen bcu gsum*》，關於此，可參見第六章注⑧。紐殊・堪布在其所著的《勝妙寶鬘》裡提及，賢嘎仁波切以把大圓滿的根本教法傳授給尚未圓滿前行法的人而聞名（頁496）。

千．圖拓．旺楚、達欽．昆林（Dagchen Kunrin, 1902-1950）[51]、堪千．天帕（Khenchen Tampa, 1876-1953）[52]。秋吉．旺楚從所有這些大師身上領受教法。

在年少時期，他投入多年的時間，交替地在這些傑出卓越的上師跟前學習，從事長期的閉關。在一九三〇年放棄宗薩寺之後，德格．貢千寺成為他正式的駐錫地。德格．貢千寺是薩迦巴寺院，構成德格王國首府的心臟。雖然他享受德格王的偏愛，儘管他的行政管理人和父親都懇請敦促他鞏固其世俗的地位，但是秋吉．旺楚持續對財富和權力完全不感興趣。如同出污泥而不染的蓮花，儘管許多人希望他涉入陰謀策劃，但他仍然置身事外，冷靜沉著地通過一輩子環繞在他身邊的艱困試煉。

從一九四四年開始，他在噶林騰寺（Galingteng monastery，或噶林寺〔Galing Gönpa〕）[53]停留更長的時間。噶林騰寺是位於山谷中的一座小寺院，距離德格首府不遠，因此他成為眾所周知的「噶林．欽哲」。噶林騰寺是昆噶．帕登的駐錫地，昆噶．帕登是秋吉．旺楚的主要上師，上師與弟子兩人之間有著特殊的心靈關係。

昆噶．帕登是巴楚仁波切及其弟子烏金．丹增．諾布（Orgyen Tendzin Norbu, 1827-1888）的弟子。他是大圓滿教法的主要傳承持有者，以其高深的證量聞名於整個東藏地區。如佐千仁波切秋吉．多傑、昆努．丹增．嘉岑（Khunu Tendzin Gyaltsen, 1885-1977）[54]和秋吉．羅卓等具有勝妙根器、才智出眾的傑出人物，都是他的弟子。昆噶．帕登出身噶林騰地區的一個窮苦家庭，一生中的大部分時間都用來從事閉關，苦修禁欲。他在一九五〇年去世前，便把噶林騰寺交託給秋吉．旺楚。在中國入侵引起動亂之前，秋吉．旺楚認證其上師的轉世。

繼此之後，關於這位轉世靈童的所有痕跡和紀錄都遺佚了，不見蹤影多年，因此大數

---

(51) 達欽．昆林（Dagchen Kunrin, 1902-1950），其全名為「噶旺．昆噶．仁千」（Ngawang Kunga Rinchen），是度母宮之首，當今薩迦．企千法王的父親。

(52) 堪千．天帕（Khenchen Tampa, 1876-1953），其全名為「噶旺．羅卓．賢遍．寧波」（Ngawang Lodrö Zhen-phen Nyingpo），擔任哦寺的堪布。他是堪布賢嘎的弟子，也是當時偉大的薩迦巴喇嘛之一。參見頁70圖6。關於堪千．天帕，參見大衛．傑克森所著的《在西雅圖的聖哲：西藏神祕的德中仁波切之生平》，頁172-177，注(656)，照片第59，60張。

(53) 噶林騰寺（噶林寺）的全名是「圖登．南賈．林」（Thubten Namgyal Ling）。本書作者也提及，在昆噶．帕登和秋吉．旺楚充滿預示的著作之中，「galing」被書寫成「rga lwan」。

(54) 昆努．丹增．嘉岑（Khunu Tendzin Gyaltsen, 1885-1977），原本來自西北印度的昆努（Khunu）地區，投入三十多年的時間在西藏跟隨當時主要的大師學習，其中包括堪布賢嘎和秋吉．羅卓。從一九三〇年代中期到一九四〇年代中期，他主要居住在康區的德格，教導德格王的孩子語法和詩歌。德中仁波切指出他的出生年為一八九六年。參見大衛．傑克森的著作《在西雅圖的聖哲：西藏神祕的德中仁波切之生平》，注(232)。在果竹．卡夏瓦（Gödrub Kashawa）所著的《*Khunu rin po che'i mdzad rnam snying bsdud*》這本有關他的傳記中，提到他出生於一八九四年。在另一本由安谷．拉胡里（Angrup Lahuli）所著的《涅吉喇嘛丹增．嘉岑傳》（*Biography of Negi Lama Tenzin Gyaltsen*）中，提到他出生於一八九五年。在紐殊．堪布所著的《勝妙寶鬘》中，提到他出生於一八八四年，這可能是因為印刷錯誤的關係（頁506）。關於其他的簡傳資訊，可參見昆努（Khunu）仁波切所著的《天廣海深》（*Vast as Heavens Deep as the Sea: Verses in Praise of Bodhicitta*），頁1-7。

人都認為昆噶·帕登的祖古已經亡故。一九九七年，法王南開·諾布聽說這位祖古仍然健在，並且在尋獲他之後，邀請他前往噶林騰寺。這位祖古停留在噶林騰寺，直到二〇〇八年夏天。他目前居住在拉墾（Rakhog）——位於德格縣內游牧民居住的地區。另一個比這位祖古年輕很多的轉世靈童被祖古卡桑認證，居住在佐千寺。

昆噶·帕登和秋吉·旺楚共處多年，彼此傳授教法，教導他們的弟子，並一起閉關修行。本傳記提及兩位大師聯袂閉關，把修行的焦點集中在大圓滿「仰帝」（yangti，心要）部的無上教法，這個修行法門主要在黑暗中修持（閉黑關）。[55]兩位上師也聯手取出數個伏藏。[56]

正如同他之前的轉世一般，秋吉·旺楚掘取出許多重要的教法和法器。法王南開·諾布保存了他的一些教法，並將它們傳授給他的弟子。法王南開·諾布仍然擁有一尊金剛手（梵 Vajrapāṇi；藏 Chagna Dorje）佛像[57]，本傳記的第十一章描述秋吉·旺楚掘取出這尊佛像的不可思議過程。秋吉·旺楚掘取出來的教法列舉在本傳記之中，包括《上師心要》（藏 *Guru Thugthig*；*Essence of the Mind of the Guru*）[58]、《寂靜尊雙運》（*Shiwa Yongdü*；*Union of Peaceful Manifestations*）[59]、《妥賈·雍杜》（*Trogyal Yongdü*）[60]、《大威德金剛》（藏 *Jampel Shinje*；梵 *Mañjuśrī Yamāmtaka*，或《怖畏金剛》）、《拉隆·桑達》（*Lhalung Sangdag*）[61]。許多其他的教法都在宗教迫害的黑暗時期遺失了。秋吉·旺楚遭到中國人逮捕，於一九六〇年三月十三日死於獄中。

一九七〇年，南開·諾布法王及其妻子羅莎（Rosa）的長子耶喜（Yeshe）出生。薩迦派法王

55 東措・瑞巴(Tungtso Repa)的仰帝(yangti,心要)黑暗教法。

56 藏語「gongter」意指「心意伏藏」或「意伏藏」,這是被稱為「掘藏師」(藏tertön)的了證上師在明光心狀態所顯露出來的教法。伏藏(藏terma)是在古代被人們隱藏起來的教法、物品和神聖的物質,主要是由偉大的蓮師及其弟子所隱藏,之後相繼被重新發掘出來。所有藏傳佛教學派的上師都體現伏藏的傳統,然而,伏藏傳統尤其和寧瑪派及其教法的傳授有關。這些教法可被分為那些經口耳相傳並被匯集起來的「寧瑪教傳」(Nyingma Kama),以及那些被稱為「伏藏」的教法,這兩個傳承分別被稱為「長傳教傳」(long lineage of the oral transmission;藏ringyü kama)和「短傳巖傳」(short lineage of treasures;藏nyegyü terma)。伏藏可用許多方式來分類,我們只要記得被封藏在地上的伏藏(藏sater),以及在明光心狀態重新掘取出來的伏藏(藏gongter)之間的區別即可。如前所述,蓮師是西藏伏藏傳統的主要人物。根據傳統的說法,蓮師在西藏、尼泊爾、印度境內等數百個地方隱藏伏藏,目的在於護持教法,以利益未來的世代。西藏和西方學者一再地質疑這個傳統的真實性和正統性,但事實在於,伏藏傳統仍然是振興鼓舞藏傳佛教傳統的湧泉,而且在藏傳佛教史上最出眾的人物之中,有一些是伏藏傳統的代表人物。如欲對伏藏傳統有更深刻的認識,可參見敦珠(Düdjom)仁波切所著的《藏傳佛教之寧瑪派》(*The Nyingma School of Tibetan Buddhism*),頁743-749。安德亞斯・達克特(Andreas Doctor)所著的《西藏伏藏文獻》(*Tibetan Treasure Literature*),則針對伏藏的分類做了分析,並且探討伏藏的真實性。這本有趣的著作也包含了米龐・嘉措所著的《*gTer ston brtag pa chu dwangs nor bu zhes bya ba*》的英譯。關於伏藏傳統,也可參見祖古東竹所著的《西藏的隱藏教法:針對寧瑪派伏藏傳統所作的闡釋》(*Hidden Teachings of Tibet: An Explanation of the Terma Tradition of the Nyingma School of Buddhism*)。

57 參見頁112圖17。

58 《上師心要》(藏*Guru Thugthig*;*Essence of the Mind of the Guru*)是一部與蓮師有關的教法。

59 《寂靜尊雙運》(*Shiwa Yongdü*;*Union of Peaceful Manifestations*)是最可能與金剛薩埵(Vajrasattva)有關的一部教法。

60 《妥賈・雍杜》(*Trogyal Yongdü*)是一部與文殊師利之忿怒尊有關的修行法門。法王南開・諾布仍然擁有這部教法的簡軌(藏gyünkhyer),作為修持日課之用。

61 桑達(Sangdag)意譯為「祕密主」,是金剛手(梵Vajrapāṇi;藏Chagna Dorje)菩薩的另一個名號。

薩迦・企千・噶旺・昆噶（Sakya Tridzin Ngawang Kunga，生於1945年）⑥²認證耶喜為秋吉・旺楚的轉世，賜名「蔣揚・秋吉・尼瑪」（*Jamyang Chökyi Nyima*）。欽哲・耶喜（Khyentse Yeshe）在二〇〇七年首度造訪噶林騰寺，二〇〇八年開始公開傳法。

後記

如前所述，這本傳記的藏文本完全是以偈頌的方式寫成，但為了可讀性之故，而用散文改寫，因此喪失了一些原味，使譯者在不勝任此項工作的清單上又增添一筆。本書處處盡是藏文名相和有關文化的參考文獻，雖然我已經嚴格地加以限制，視其必要才列出，但仍然使大量的注釋變得不可或缺。

在絕大多數的情況下，藏文和梵文名相並未被翻譯出來。本書使用「國際梵語轉寫字母」（International Alphabet of Sanskrit Transliteration）系統來轉寫這些名相。在注釋當中，法王南開・諾布口頭提供的資訊也以口述的方式來表示。

感謝過去幾年來，所有鼓勵我完成本書翻譯工作的人們，尤其感謝和我一起檢閱覆審義大利文翻譯的安德亞諾・克萊門（Adriano Clemente），以及南西・席蒙斯（Nancy Simmons）精采的英譯。

我要對我的上師南開・諾布法王致上最深的謝意。感謝法王提供不可或缺的協助，釐清書中晦澀難解的要點。最重要的是，法王總是對我顯露永無竭盡的耐心，他給了我一切。

安立哥・德安傑羅（Enrico Dell'Angelo）

62 法王薩迦・企千・噶旺・昆噶（Sakya Tridzin Ngawang Kunga，生於1945年），當今薩迦法座（第四十一世）的持有者。

二十世紀欽哲傳承大師

蔣揚·欽哲·秋吉·旺楚傳

CHÖGYAL NAMKHAI NORBU
法王南開·諾布 著

禮敬文

為了清除狹隘之心的陰影，我用數語來述說無與倫比、吉祥威猛的上師吽千．嘿卡．林巴①法王全然解脫之事蹟。

我禮敬妙音大師，
禮敬以人身顯現之無上智慧文殊，
禮敬教導無上慈心之觀世音菩薩②，
禮敬大威祕密主③，
禮敬三部合一之上師④，
我頂禮！
你化現無畏金剛身⑤，
弘揚教法之名聲；
你直接、間接地指引如汪洋般的無量眾生⑥，
我頂禮！
在宇宙海的無邊範圍之中，
你持有遍及一切法之任顯狀態的知識。

①「吽千．嘿卡．林巴」（Humchen Heka Lingpa）是秋吉．旺楚身為掘藏師的名號，本文略稱「嘿卡．林巴」。

②梵 Avalokiteśvara；藏 Chenresi。藏語「Chenresi」——大悲菩薩，即「大悲者」（藏 Thugje Chenpo），他是藏傳佛教眾本尊之中，最受人崇敬的本尊。

③「祕密主」（藏 Sangdag）是金剛手菩薩的另一個名號。

④在藏語中，上述三位菩薩被稱為「rigsum gönpo」，被視為保護在輪迴流轉之眾生的三怙主。

你是眾空行母之勝妙主⑦，
嘿卡・林巴，
我頂禮！
喔！上師，你化現一切，
請憶念我們，
我們在輪迴中流轉，
持續陷入貪愛與憎惡的痛苦掙扎之中！
讓我與如我一般具信的人，
從執著與瞋恨的煩惱中解脫。
請用慈悲之明燈，
照亮在邪見之黑暗中流浪徘徊的人！
懷著信心和無上之崇敬，
我懇求尊主您賜予直傳之知識。
用本初智慧之明亮光燦使我覺醒，
讓我的心蓮完全綻放！

⑤「金剛」（梵vajra；藏dorje）表示不可分割、不可摧毀的事物，因此被當作我們的真實狀態之象徵。法器中的「杵」也稱為「金剛」，杵與鈴（藏drilbu）一起被用在密續佛教（tantric Buddhism）的儀式當中。「金剛身」（vajra body）一般是指身體的細微範圍，在此範圍之內，能量中心透過脈的網絡連結在一起。

⑥在藏文本的原文之中，如果把前幾個偈頌裡的一些字放在一起，可以拼出本傳記的主要人物在其一生當中所領受的兩個名號——「秋吉・旺楚」（Chökyi Wangchug）和「吉札・圖佩・天秋・秋吉・嘉措」（Jigdral Thubpai Tenchö Chökyi Gyamtso）。後者是他從哦寺的堪布堪千・天帕處領受比丘戒時，被授予的名號。

⑦具有特殊修行功德的女性。她可能是全然了證的，在這種情況下，她被稱為智慧空行母（藏yeshe khandroma；梵jñāna dākinī）。或者她可能並未有那麼高的了證，即具有資格和不同層次之修行力量的空行母。一些空行母被認為具有人之身相。

第1章

蔣揚・欽哲・旺波的轉世

上師蔣揚・欽哲・旺波（以下略稱「欽哲・旺波」。見【圖1】）——文殊師利之化身，無垢友之化現，出生於東藏雪域（Land of Snow）的中心地帶，超越學派的限制而護持眾生和教法。他能使如汪洋般眾多的具緣弟子獲得世俗生活的相對利益，以及證得修行證量的究竟喜悅。他以各種不同的方式，成就利益眾生和教法的無數事業。

一人化現許多轉世

在水龍年（一八九二年）一月二十一日①，他離開了肉身，但承諾會藉由他證悟的身、語、意、功德和事業，來保護在輪迴中流轉的眾生。

宗萨寺第一降央钦则旺波诞生一百八十五周年纪念(2004年)
185th Birthday Anniversary of first Dzong sar Jam Yong Kyen Tse Wang Bo

【圖1】蔣揚・欽哲・旺波（繪者不詳）

怙主忠於他的承諾，按照弟子們的本質、根器和習性而化現出許多轉世，返回西藏的各個地區。

「心」之明光狀態的轉世出生於雄鐵鼠年（一九〇〇年），名為「薩迦．朋波．欽哲．企千．噶旺．圖拓．旺楚」（以下略稱「企千．圖拓．旺楚」）。他為眾生帶來巨大的利益，並且居住在一個薩迦派的駐錫地——彭措宮（Phuntsog Phodrang）[2]，即「圓滿具足宮」（the Perfectly Endowed Palace）之意。

「語」之明光狀態的轉世是噶瑪．欽哲．歐澤。他出生於公火猴年（一八九六年），掌管八蚌大寺這個駐錫地。

蔣揚．秋吉．旺波（以下略稱「秋吉．旺波」）是「身」之明光狀態的轉世，出生於雌水蛇年（一八九三年）[3]，直到十六歲那年，他都居住在第一世欽哲的駐錫地。

我從我仁慈的上師堪布欽惹．秋吉．歐澤（見頁44【圖2】）處聽說，功德面向的轉世數量繁多，他們利益教法和眾生。在我有機會去領會欣賞他無數的功德之後，我相信欽惹．秋吉．歐澤本身也被認為是功德面向的轉世之一，即使他從未加以證實。我一再地從欽哲．旺波的非凡弟子、空行母之主阿玉．康卓．多傑．巴炯處證實這一點。

無上之佐千．欽哲．古魯．策旺是欽哲．旺波的另一個轉世。他出生在公火雞年（一八九七年），受邀前往圖登．秋吉．多傑的駐錫地路丹（Rudam）[4]，並在該處升座。

拓登．薩迦．師利之子堪竹．日巴增（Khedrub Rigpadzin，即帕秋．多傑），也被認證為欽哲．旺波的一個轉世。

澤千（Zechen）⑤的雪謙．嘉察．久美．貝瑪．南賈是欽哲．旺波的直系弟子。他認證出生於頂果（Dilgo）⑥的頂果．欽哲．拉索．達瓦為欽哲．旺波的轉世。

許多學者和了證的噶瑪噶舉、竹巴噶舉（Drugpa Kagyü）⑦派的上師都認證持明囊謙．欽哲．昆桑．卓度──囊謙的「巴美．欽哲」（Parme Khyentse）──為欽哲．旺波的化身。

①參見祖古東竹《禪修與奇蹟的大師：藏傳佛教之龍欽心髓傳承》，頁215；金恩．史密斯《在藏語法典之間：喜瑪拉雅高原之歷史與文學》，頁268。

②彭措宮是薩迦寺（Sakya monastery）的兩個駐錫地之一，今日的薩迦寺也因此而分為兩支。十四世紀時，薩迦派建立四大駐錫地，由「昆」家族的後裔掌理。這些掌理者輪流擔任薩迦派的領袖，並且在薩迦派擁有領導權期間（1268-1365），輪流擔任西藏政府的領袖。十五世紀時，四大駐錫地相繼減少為兩個──度母宮與彭措宮，前者即當今法王薩迦．企千所傳下來的家族分支。

③金恩．史密斯在《在藏語法典之間：喜瑪拉雅高原之歷史與文學》指出，一八九四年是他可能的出生年份。頁268。

④路丹（Rudam）即佐千寺，參見〈導言〉注㉝。

⑤「澤千」（Zechen）即雪謙（Shechen），一七三四年由第二世澤千．冉江．久美．昆桑．南賈（Zechen Rab 'byams, Gyurme Kunzang Namgyal, 1713-?）創建於康區，位於德格的領土之內，佐千寺的北方。

⑥頂果（Dilgo）位於德格王國內的丹豁河谷（Denkhog valley）。

⑦竹巴噶舉（Drugpa Kagyü）是噶舉派八小支派之一，由倉巴．加惹．耶喜．多傑（Tsangpa Gyare Yeshe Dorje, 1161-1211。以下略稱「倉巴．加惹」）所創立。這個

【圖2】堪布欽惹．秋吉．歐澤（攝影者不詳）

佛行事業的主要繼承人

欽哲．旺波這位偉大的人物本身即是文殊師利，其功德遠遠超越心的限制，他的轉世之舞怎麼能夠被揣測度量？為了利益各種不同種類的眾生，文殊師利的轉世遍及宇宙，因此毫無疑問地，文殊師利的轉世也遍及這個世界。因為欽哲．旺波的功德不證自明，而且所有學派的許多重要人物都已經認證他們的化現，因此有誰能夠質疑？

除了那些被認證、有名號與有頭銜的轉世之外，難以計量的各種不同化身，一直為了利益眾生而努力，以延續欽哲的事業。⑧對此，本傳記沒有長篇詳述的必要，我限制自己只去思量欽哲的光輝事業的化身之一——蔣揚．欽哲．秋吉．羅卓（以下略稱「秋吉．羅卓」）。他出生於公火猴年（一八九六年）⑨，他比任何一個人都能夠實踐利益眾生的事業。

學派是以倉巴．加惹所創建的南竹寺（Namdrug monastery）命名，雖然後來該學派的主寺變成坐落於「藏」（Tsang。譯按：即今日喀則地區）的熱隆寺（Ralung monastery）。

⑧關於欽哲．旺波的各個轉世，參見亞利安．麥唐納（Ariane Macdonald）所著的《文殊師利根本儀軌經之壇城》（*Le Mandala du Mañjuśrīmūlakalpa*），頁91-95；金恩．史密斯所著的《在藏語法典之間：喜瑪拉雅高原之歷史與文學》，頁268-269。

⑨根據其他出處的說法，秋吉．羅卓出生於水蛇年（一八九三年）。參見祖古東竹所著的《禪修與奇蹟的大師：藏傳佛教之龍欽心髓傳承》，頁269。金恩．史密

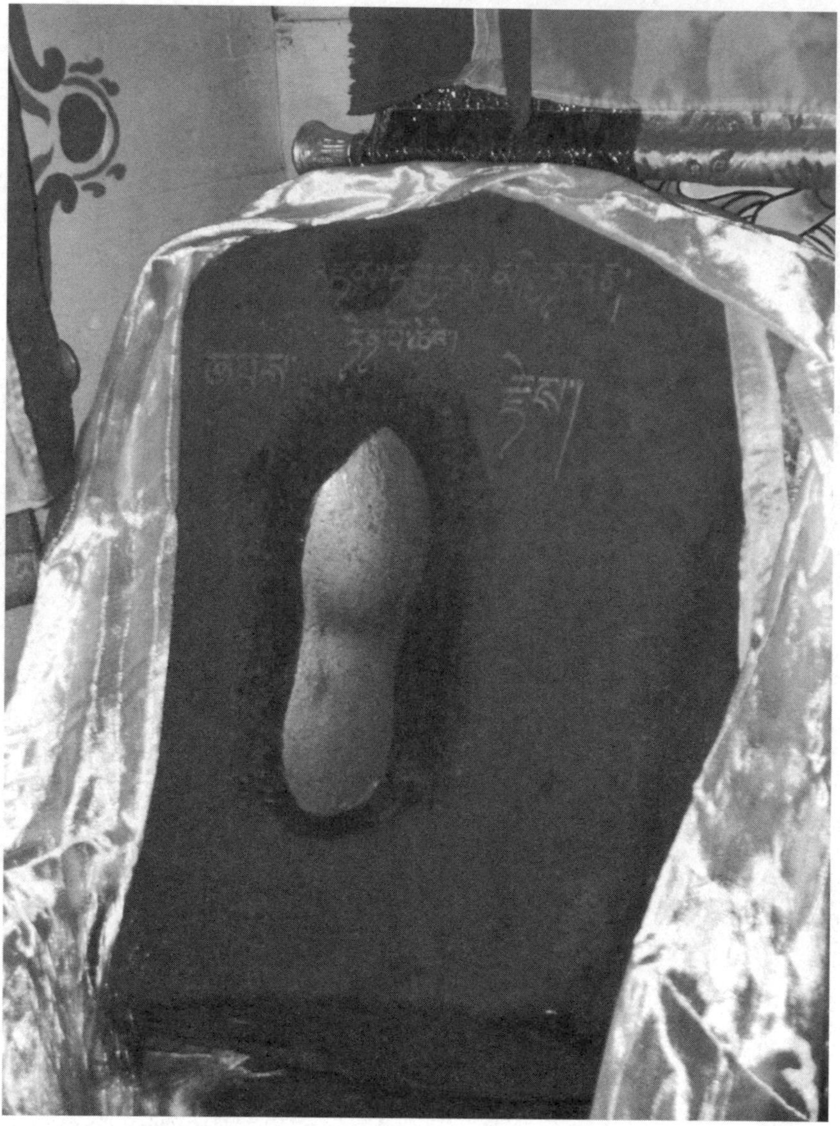

【圖3】蔣揚．欽哲．旺波的足印，目前保存在噶林騰寺。（攝影：安立哥．德安傑羅）

噶陀寺班智達噶陀．錫度．烏金．秋吉．嘉措（以下略稱「噶陀．錫度」）親自加以指導，因此之故，秋吉．羅卓居住在噶陀寺一段時間。繼此之後，他掌理欽哲．旺波的駐錫地，⑩成為欽哲．旺波在這個世界推動佛行事業的主要繼承人，擴展他在西藏和印度的事業，為眾生和教法帶來無與倫比的利益。

然而，在本書之中，我主要將講述欽哲．旺波「身」之明光狀態的兩個相繼轉世——秋吉．旺波和蔣揚．欽哲．秋吉．旺楚（以下略稱「秋吉．旺楚」）——的傳記。

⑩他在一九〇九年遷移至宗薩。參見金恩．史密斯所著的《在藏語法典之間：喜瑪拉雅高原之歷史與文學》，頁269。

斯在所著的《在藏語法典之間：喜瑪拉雅高原之歷史與文學》指出，他出生於一八九六年（頁269）。關於秋吉．羅卓的簡傳，參見紐殊．堪布所著的《殊勝寶鬘》，頁296-306。

第2章

蔣揚·欽哲·旺波

蔣揚·欽哲·旺波之身化身（轉世）的出生地格甌，半隱於一座河谷的上部，有如一個隱藏的聖地①，位於東藏德格王國的龔埡鄉。

出生的吉兆

這個聖地是為人所知的「鉤章」（Gödrang），有一塊狀如雞蛋的白色岩石，四周環繞著濃密的樹林。在當地規模大小不一的七個家族之中，有個雅哈·蒼（Yarlha Tsang）的小康家族。這家族的家長札西·嘉波（Tashi Gyalpo）是欽哲·旺波、蔣貢·康楚·羅卓·泰耶和秋吉·林巴等所謂的「三文殊」的弟子。他是一位在家的密續修行者，精通儀軌，據說在修行覺受和修行證量方面，具有非常高深層次的成就。他是眾所周知的拓登・塔賈（Togden Tragyal）。

有一天，拓登・塔賈和妻子拉媖・措這兩個極為善良的人離開他們的家，打算進行長期的朝聖。在他們造訪「衛」（Ü）和「藏」（Tsang）②這兩個地區的主要聖地之後，抵達了白馬崗（Pemakö，即今之墨脫）③。在那裡，他們遇見一個非比尋常的瑜伽士，即仁增・果當（Rigdzin Gödem, 1337-1408）④的轉世。他們從這位持明者（knowledge holder）身上領受許多教法和甚深的教導，並且留在那裡修行數年。

在某個時候，這位上師對他們說：「你們必須迅速返家，因為某件重要的事情即將

①「隱藏的聖地」藏語稱為「beyul」（音譯為「貝玉」）。在藏傳佛教的傳統中，「貝玉」是指大多數人無法進入且保持封藏的地方。「貝玉」要經由授記而被發掘出來，其用意是在為身處特別危險時期的佛教修行者提供庇護。

②西藏中部區分為「衛」（Ü）和「藏」（Tsang）兩大地區。「衛」的首府是拉薩，「藏」的首府是日喀則。

③在隱藏的聖地（參見本章注①）裡，白馬崗（Pemakö，即今西藏的墨脫）是最著名且最重要的一個地方，它坐落於西藏東南部的工布（Kongpo，即今西藏的林芝）。仁增・多傑・東美（Rigdzin Dorje Thogme, 1746-1797）、秋林・噶旺・奇美・多傑（Chöling Karwang Chime Dorje, 1763-?）和岡波巴・烏金・卓度・林巴（Gampopa Orgyen Drodul Lingpa, 1757-?）將它開放為朝聖地。

④仁增・果當（Rigdzin Gödem, 1337-1408）是一位偉大的掘藏師，也是「北伏藏」（藏Jyangter）傳統的始祖。「北伏藏」後來主要是在中藏的多傑・札寺（Dorje Trag

發生。」他們聽從上師的勸告後便啟程返家。在返家途中，拉嫫．措擁有不可思議的夢兆，並懷有身孕。

他們毫無困難地回到位於格甌的家。不到三個月之後，在春天第一個月、第十四天的黎明，一個男嬰吉祥地出生。這個男嬰是家庭裡的第二個孩子；他的姐姐名叫桑竹．卓瑪（Samdrub Drönma）⑤，在他之後出生的弟弟是多傑．札寺（Dorje Trag monastery，金剛岩寺）⑥的轉世上師仁千．塔給（Rinchen Targye）。

在他出生的那一刻，村莊所有的居民都看見無數的吉兆，例如，整個鄉間沐浴在特殊的光芒之中；裝在一個銅製大缸裡的水轉變為牛乳。

蔣揚．欽哲．旺波的「身」化身

三歲那年，這男孩在許多到家中作客的喇嘛面前，毫不猶豫地背誦《文殊師利真實名經》（*Mañjuśrīnāmasaṅgīti*）⑦數次。他不停地表現出非比尋常的行為，舉止迥異於尋常孩童，因此當地的所有居民，不論老少，都對他生起更大的信心和虔敬心。在某個時候，薩迦．貢瑪、蔣貢．康楚、羅迭．旺波以及許多其他寺院的偉大人物都認證他為欽哲．旺波的「身」化身。

羅迭．旺波特地派遣他的一些弟子來仔細地驗明正身。在確定男孩具有轉世的徵相之後，用除邪水（藏trü）⑧替他淨身，為他穿上代表其位階的服飾。然後，請男孩前往拉耶‧里鐸（Lasye Ritrö）⑨。在那裡，羅迭‧旺波授予他「策塔‧松椎」（Tseta Sungdrel）⑩的灌頂，並且賜名「蔣揚‧秋吉‧旺波」。

---

monastery，金剛岩寺）傳授。參見本章注⑥。仁增‧果當在日沃‧札蒼（Riwo Tragtsang）發現容許他掘取伏藏的「鑰匙」。日沃‧札蒼是一塊位於藏區、距離桑桑（Zangzang）數英里的懸岩。目前人們在桑桑‧拉札穴（cave of Zangzang Lhadrag）發現這把「鑰匙」。一三六六年，仁增‧果當在此掘取出數個伏藏。在他主要的伏藏當中，包括《大圓滿普賢密意通徹》（*Kunzang Gongpa Sangthal*）、《本淨自生自顯》（*Kagye Dragpo Rangjung Rangshar*）。關於伏藏傳統，參見〈導言〉注56。

⑤桑竹‧卓瑪（Samdrub Drönma）後來成為蔣揚‧秋吉‧旺波（Jamyang Chökyi Wangpo, 1894-1908。以下略稱「秋吉‧旺波」）的轉世秋吉‧旺楚的母親。她也是本書作者的外婆。

⑥掘藏師果當傳承的第三個轉世仁增‧噶吉‧旺波（Rigdzin Ngaggi Wangpo, 1580-1639），於一六一〇年在藏布江（Tsangpo river）的北岸創建多傑‧札寺。仁增‧果當創始的「北伏藏」傳統，即是在多傑‧札寺傳授。

⑦《文殊師利真實名經》（*The Song of the Names of Mañjuśrī*；藏*Jampelgyi Tsen Yandagpar Jöpa*）是一部包含六百首偈頌的佛經，基本上是在無上密續（Anuttara tantra）傳統的範圍裡，屬於續部（Māyājāla）的文集。在佛典裡，它被列在密續部的開頭（Toh. 306）。參見魏曼（A.Wayman）的譯作《吟誦文殊師利真實名》（*Chanting the Names of Mañjuśrī*）。

⑧除邪沐浴是在西藏宗教裡廣為流傳的修法，每當需要清除障礙、不淨和疾病時，都會使用這個修法。

⑨拉耶‧里鐸（Lasye Ritrö）是羅迭‧旺波的關房，位於可俯瞰德格‧貢千寺的一座山上。

⑩「策塔‧松椎」（Tseta Sungdrel）是長壽佛（Guru Amitayus）和馬頭明王（Hayagriva）授予當通‧嘉波的長壽法，在薩迦派內廣為流傳。

在火雞年（一八九七年），秋吉．旺波旅行前往他前世的駐錫地——坐落於宗薩的札西．拉策寺（Tashi Lhatse monastery，即宗薩寺）⑪的一座宮殿——參加盛大的慶典。在那個慶典之中，所有學派的主要上師都聚集在札西．拉策寺，為秋吉．旺波的升座大典舉行盛大的法會。在我孩提時，外曾祖母拉嫫．措多次清楚地向我解釋前述的種種。

掘取《貝若心要》伏藏

有許多年的時間，秋吉．旺波從羅迭．旺波以及約十位來自各個學派知名的修行者處，領受了甚深的灌頂、教導和特殊的法門。有時，當他聽聞和思量教法時，他潛在的潛能會覺醒，而做出一些非常驚人的事蹟，使得所有遇見他的人都認為他是真正的欽哲．旺波。

一九〇四年⑫，當他十二歲時，他表達想要前往佐千寺領受和研習教法的意願，但是因為幾個分派主義者製造障礙，於是他反而前往阿宗．噶（Adzom Gar）⑬。在那裡，秋吉．旺波從阿宗．竹巴處領受甚深的心要教導，其中最重要的是《傑尊心髓》（*Chetsün Nyingthig*）⑭。為了消除秋吉．旺波本命年（negative year）⑮的逆緣，竹傑（Drugje）⑯一再地敦促他於本命年，在他前一任轉世從事閉關的某個地點，以《帕美心髓》（*Phagmai Nyingthig*）⑰作為主要的修行法門。

在返回他主要的駐錫地之後，秋吉・旺波出發前往欽哲・旺波的閉關處——水晶蓮洞（藏Pemashel Phug：Cave of Crystal Lotus）⑱，專心致力地修持長壽法。然而，在他剩餘的閉關

⑪札西・拉策寺（Tashi Lhatse monastery）是宗薩寺的寺名。一二七五年，法王八思巴在從中國返回西藏途中造訪宗薩，並把札西・拉策寺併入薩迦派。一些消息來源主張，某個苯教（Bönpo）的喇嘛在七四六年建立宗薩寺的祖寺，後來該寺院相繼變成寧瑪巴和噶當巴寺院。關於該寺院的簡史，參見Blo gros phun tshogs所著的《*rDzong gsar bkra' shis lha brtse'i lo rgyus*》。

⑫在同一年，他從羅迭・旺波處領受《道果法》。參見桑田・羅卓（Samten Lodrö）所著的《*gSang bdag rdo rje'i 'dzin*》，頁313。

⑬阿宗・噶（Adzom Gar）是阿宗・竹巴的駐錫地，位於德格地區。在康區，它也被稱為「札西・通噶・基爾」（Tashi Tungkar Khyil）。

⑭《傑尊心髓》（*Chetsün Nyingthig*）是欽哲・旺波掘取出來的伏藏，包含原本由第十一、十二世紀的偉大掘藏師傑尊・桑給・旺楚（Chetsün Senge Wangchug）掘取出來的大圓滿心要教法。

⑮藏曆是以十二生肖的循環為基礎，結合五大元素，形成六十年一個循環。在六十年之後，生肖和元素的相同組合又開始另一個循環。一個人出生年的生肖每十二年出現一次，在占星學上，生肖出現的那一年（本命年）被認為對當事人有負面影響。

⑯竹傑（Drugje）或竹巴之主（Lord of the Drugpas）是阿宗・竹巴的另一個頭銜。阿宗・竹巴被認證為貝瑪・噶波的轉世。竹巴噶舉派之首「竹千」（drugchen）的頭銜授予屬於轉世傳承（從創立該派的蒼巴・加惹開始，在貝瑪・噶波的轉世之前）的祖古們。參見第十章注③。在阿宗・竹巴的一生當中，另外兩位上師吉美・明就・旺賈（Jigme Mingyur Wangyal, 1823-1883）和吉美・米龐・秋旺（Jigme Mipham Chöwang, 1884-1930）相繼擔任該派之首，並且以貝瑪・噶波創建的桑俄・秋林寺（Sangngag Chöling monastery）為主要駐錫地。

⑰《帕美心髓》（*Phagmai Nyingthig*）是與度母法有關的伏藏，由欽哲・旺波所掘取。

⑱水晶蓮洞（藏Pemashel Phug）稱為「瑪秀・札南・貝

期間，許多障礙現前。他因為比丘和從屬們擔心寺院的經濟狀況惡化而感到困擾，因此順從他們的願望，展開一連串的旅程，為他人念誦祈願文，以積聚供養。他也答應前往幾個氣候炎熱的地區，停留數月，給予大眾灌頂，加持鄉間的居民，為他們帶來巨大的利益，結下無數的法緣，他因而聲名大噪，事業也跟著大幅增長。

有一天，當他在桑千．南札（Sengchen Namdrag）⑲的毘盧遮那（Vairocana）⑳穴從事禪修時，他在明光心的狀態中掘取出一部伏藏——《貝若心要》（*Bero Thugthig*）㉑，並寫下該伏藏的整部本續。在那個月的第十天，秋吉．旺波把這部甚深伏藏的教法傳授給澤楚．德千．多傑（Dzetrul Dechen Dorje）㉒、眾多比丘，以及他從屬裡的在家眾，完整地授與他們灌頂、教導和特定的法門。當我在色炯寺（Serjong monastery）㉓時，我自己從澤楚處領受這個教法的灌頂和所有教導。在那個場合，我聽聞了剛剛才講述的這些事情。

轉世再來的明確指示

在十五歲那年，秋吉．旺波再度表達想要前往路丹的佐千寺的願望，並且在羅迭．旺波的支持下，成功地前往。他主要從佐千仁波切圖登．秋吉．多傑處領受灌頂和教導，也從佐千仁波切博學了證的弟子和許多其他偉大的上師處領受灌頂和教導。由於他熱切地希望自己能夠聽聞且盡可能徹底地研習所領受的教法，因此為自己能留在那裡感到高興。

在他停留佐千寺期間，許多派系主義者不贊同他前往某個寧瑪派寺院的駐錫地，因而一再含沙射影地惡毒中傷誹謗。據說，秋吉·旺波深深地受到這些人的態度所影響，並且出乎意料地生病了。某些人更進一步地提出曖昧含糊的假設，說他主要駐錫地的某

瑪謝·帕」（藏Marshö Dzamnang Pemashel Phug）或「美秀·貝瑪謝·帕」（藏Meshö Pemashel Phug），位於宗薩寺東南方的德隆·貝麥·師利（Terlung Pemai Shelri）山上。這個欽哲·旺波的閉關所，跟他和秋吉·林巴掘取出來的特定伏藏歷史有關。在康區和安多（Amdo），它是二十五個最重要的聖地之一，也是著名的朝聖地點，名聞全西藏。參見敦珠仁波切所著的《藏傳佛教之寧瑪派》，頁845-846，圖片第93張。

⑲桑千·南札（Sengchen Namdrag）的毘盧遮那穴位於長江西岸的臧拓（Dzamthog）。

⑳大譯師毘盧遮那（Vairocana）是蓮師的弟子，也是大圓滿心部（藏semde）和界部（藏longde）最重要的傳承上師之一。他把《大圓滿心部十八續》（*Eighteen Original Texts of Dzogchen Semde*；藏*Semde Chogye*）的前五續譯成藏語（譯按：稱為《心部前譯五續》），分別是《覺性杜鵑》（*Rigpai Khujug*）、《大力震動》（*Tselchen Trugpa*）、《金翅翱翔》（*Khyungchen Dingwa*）、《石中熔金》（*Dola Serzhün*）、《不落幢大虛空》（*Minub Gyaltsen Namkhache*）。玉札·寧波（Yudra Nyingpo）為他撰寫的傳記已英譯成《勝妙的形象——毘盧遮那之生平》（*The Great Image: The Life Story of Vairocana*）。

㉑《貝若心要》（*Bero Thugthig*）是秋吉·旺波掘取出來的無數心意伏藏之一。大多數的心意伏藏也如同他之後的轉世所掘取出來的心意伏藏，都在中國佔領西藏的早期遺失了。

㉒澤楚·德千·多傑（Dzetrul Dechen Dorje），「澤楚」（Dzetrul）的字義是「澤的轉世」（the Reincarnate of Dze），代表東藏德格地區噶舉巴寺院之澤塔寺（Dzetag Gönpa）的祖古。

㉓色炯寺（Serjong monastery）是位於東藏德格地區的薩迦巴寺院。色炯寺的佛學院是由堪布蔣賈所創建。參見〈導言〉注㊲。

個護法懲罰了他。

所有為秋吉．旺波所做的祈請和所修持的長壽法都徒勞無功。在三天之後，土猴年第二個月的第十七天（一九〇八年四月十八日）的黎明，㉔秋吉．旺波滅入法界。在那個剎那，當地的居民聽到鐃鈸所發出的響亮鏗鏘聲回響數次，但都無法揣測聲音的來源；他們也看到天空降下狀如花朵的小雪花。

在他入滅的那個剎那，秋吉．旺波留給佐千仁波切圖登．秋吉．多傑，以及留給其弟子的遺囑，都證實他將再度轉世，其母親將是他今生的姐姐。在他過世之後，一股不尋常的熱浪降下，籠罩周圍的鄉間達一個多星期之久。果樹開花，大量色彩繽紛的花朵綻放，發生了許多驚人的事件。

我之所以能夠有機會講述這個偉大轉世的幾個生平事蹟，主要是因為我的上師欽惹．秋吉．歐澤的大慈之故。

秋吉．旺楚為秋吉．旺波撰寫了一本八十多頁的傳記。該傳記分為五個章節，描述秋吉．旺波的淨相，尤其是他的心意伏藏如何被掘取出來，以及許多其他不可思議的事件。雖然我曾經有機會閱讀這本傳記，但是並無時間仔細地研究，我無法在此確實地講述它的內容。

㉔金恩・史密斯在其所著的《在藏語法典之間：喜瑪拉雅高原之歷史與文學》一書中指出，他去世於一九〇九年。

旺果・蒼家族

第3章

秋吉・旺波只短暫地離開世間，因為他祈請的力量和利益眾生的發心，他立即轉世。秋吉・旺波的轉世秋吉・旺楚的出生地也位於德格龔埡鄉的格甌河谷。在古代歷史上，曾多次提及他出身的知名家族，在整個德格地區，他們是眾所周知的俄那・蒼（Ngona Tsang）家族，但是當地人卻稱他們為「旺果・蒼」（Wango Tsang）家族。

藏語「wa」（音「dba'」）一字構成「Wango」這個姓氏的一部分，源自當地的一種方言，在古籍中，它意指「駝背」（hunchback）。在古代，該家族原本有三個人——一個男人、一個女人和他們的女兒札西・措（Tashi Tso）。他們獨居那裡多年，以種田、養羊維生。

天賜之子：旺果的到來

有一天，札西．措帶著羊群到山巔上放牧吃草。她來到一塊狀如雞蛋的白色岩石前，這塊岩石被認為是當地的神祇「鉤章」。在她來到岩石前不久，天空開始降下細雨，於是她走到岩石底下的一個洞穴中避雨，不一會兒就在洞穴裡睡著了。

彷彿真的發生一般，在她睡著時，出現一個英俊的少年。札西．措與少年結合，她體驗到各種喜悅和歡樂。她醒來時，那種感受仍然存在。在九個月又十天之後，女孩產下一個身體極為強健、頸部微微隆起的男嬰。男孩長得極高，力大無窮。

他成為著名的「旺果」（Wamgo）——天賜之子（the Divine Son）。據說，在他建造自己的大宅期間，能把廚房的巨樑扛在肩上，一般男人都幾乎無法用手臂環抱這些大樑，但他卻毫不費力地扛著它們行走；他也能夠用肩膀一次扛起十二根較小的橫樑。許多其他的故事描述他用超凡的體能所成就的驚人事蹟。

根據記載，在拉色．札拉（Lhase Dralha）①王朝的後裔（位於襲埡鄉之嶺國〔Ling〕歐曲．朝宗

①拉色．札拉（Lhase Dralha）是西藏史詩中的英雄嶺國格薩爾王（Ling Kesar）之子。

（Ngulchu Trodzong）城堡②的君主）掌理國家期間，蒙古人武裝攻擊嶺國的臣民。天賜之子旺果帶領多宗的軍隊，將蒙古人驅逐出境。他的名聲遍及王國，成為眾所周知的「天賜之子」——朝宗的英雄（Hero of Trodzong）。為了獎賞他，國王把朝宗的公主玉炯・玉娜・千瑪（Yudrön Yuna Chenma）嫁給旺果。

公主佩戴世上僅此一對的綠松石長耳環，所以每個人都稱她為「有著藍色耳朵的她」（She of the blue ears；藏 ngonachen），此即家族姓氏「Ngona Tsang」（俄那・蒼）的由來。

國王把整座遼闊的格甌河谷賜給旺果，之後的德格王朝完整地保留這個先人的傳統。在勇敢的旺果後裔之中，包括楚布・尼瑪・嘉岑（Chubur Nyima Gyaltsen）、俄騰・多傑・雷竹（Ngotön Dorje Legdrub）③，以及其他智者和成就者（梵 siddha）④。

此外，還有許多故事講述，從古至今，在旺果的後裔當中，他們讓人想起虎皮的皮膚印記是其特徵，許多人具有大力、勇氣與威猛的天賦。

我有機會閱讀一大本手寫的書冊數次，該書記錄旺果以降的各個世代的家族史，我即是從此取得上述的資訊。

②歐曲·朝宗（Ngulchu Trodzong）這座城堡位於龔埡鄉，是格薩爾王的直系後裔、嶺國國王的住所之一。嶺國一直是個獨立的小王國，直到十七世紀初被德格王國併吞。

③法王南開·諾布說：「楚布·尼瑪·嘉岑（Chubur Nyima Gyaltsen）和俄騰·多傑·雷竹（Ngotön Dorje Legdrub）都是我母系家族的祖先，也是噶陀寺傳承的著名大成就者。然而，他們的寺院是位於龔埡鄉臧拓附近的依旺寺（Ewam monastery），它位於知名的隱居所察拉夏（Tsarashab）前面，我的舅舅烏金·丹增（Uygen Tendzin）就在這個隱居所住過一段很長的時間。在那座寺院裡，有跟我母親家廚房一模一樣的巨大樑柱。在寺院前，曾經有十二座舍利塔（藏 chörten），內有楚布·尼瑪·嘉岑、俄騰·多傑·雷竹及其他偉大上師的遺骨，但這些舍利塔已在文化大革命期間遭到摧毀。當這些大師的遺骨從佛塔的瓦礫堆裡被挖掘出來時，人們發現無數的舍利。」

④在印度佛教和印度教的傳統中，成就者（梵 siddha；藏 grub thob）或大成就者（梵 mahāsiddha；藏 grub thob chen po）是指了證的修行者，他們超越世間實相的限制，證得超凡的能力（梵 siddhi）。

第4章

蔣揚·欽哲·秋吉·旺楚的出生

轉世靈童的誕生

在旺果的後裔當中，有個人名叫蔣揚·欽列。他極為博學多聞，虔誠信奉佛教教法，成為德格王的私人祕書。秋吉·旺波的姐姐桑竹·卓瑪嫁給這個俄那家族的後裔。在他們兩人育有七子三女，在四個兒子和一個女兒之後出生的第六個孩子是個男孩。在秋吉·旺波過世一年又四天之後，這個孩子（秋吉·旺楚。見【圖4】）在地雞年第一個月、第二十五天（一九〇九年三月十七日）的早晨①來到世間。他出生的時期恰恰符合他母親的弟弟——無上的轉世（秋吉·旺波）——的預示。

在那時，許多正在修持新年儀軌的喇嘛和比丘都夢到太陽在嬰孩出生的房屋內照

【圖4】蔣揚・欽哲・秋吉・旺楚（攝影者不詳。圖片為法王南開・諾布所有）

耀，並且擁有其他不可思議的夢境。那個地區的許多人指出，他們看見非比尋常的吉兆：湧出牛乳之泉；嬰兒出生的房屋被彩虹環繞；嬰兒出生後的三天裡，數十隻烏鴉在旺果家上方聚集，鳴叫聲之大，四處可聞。鄰居們懷著信念地四處宣說：「欽哲之姐的兒子出生已經展現如此不可思議的徵相，那個嬰孩肯定是一個轉世靈童。」

當男孩一歲半時，佐千仁波切圖登．秋吉．多傑派遣的一群喇嘛和比丘抵達旺果家，根據秋吉．旺波自己的預示，前來尋找欽哲的轉世。他們修持適當的儀軌數個星期，把除邪水灑在男孩身上，並用淨煙（purificatory smoke）②來清淨他。最後，再仔細地估量他之後，他們供上僧袍、一些物品，以及佛之身、語、意之明光狀態的三個象徵物③。

秋吉．旺楚於欽哲駐錫地升座

在那些日子當中，三位來自宗薩寺之秋吉．旺波駐錫地的比丘，極為欣喜地抵達旺果家尋找轉世靈童，並且遵照遺囑的指示，想要加以驗證。從那時起，如遺囑所描述前世蔣貢（譯按：此處用「蔣貢」而未用「欽哲」，藏語「Jamgön」（蔣貢），即有文殊菩薩之意）的轉世謠言已傳遍各地，傳入平民百姓之間，也傳入顯貴之間。

當男孩三歲時，蔣揚．羅迭．旺波和薩迦寺④、哦寺的偉大上師都賜予他名號，正式地加以認證，供養他一座舍利佛塔、一本書和一尊佛像，作為佛之身、語、意的象徵。在同一個時期，噶陀．錫度以及數個佐千寺和其他寺院的重要喇嘛呈獻三個象徵物，認證他為一個無上的轉世靈童。

秋吉．旺楚在五歲那年（一九一三年），⑤受邀前往前世欽哲的主要駐錫地宗薩寺，並在那裡升座。那時，德格地區的佛教上師和功德主、來自薩迦寺和哦寺的各個知名上師、噶舉和寧瑪傳統的其他上師，以及來自該地區的一些人士，都聚集在一起，舉行勝妙吉祥的加冠儀式。

①這個日期和其他具權威性來源所提供的日期不符。金恩．史密斯在其所著的《在藏語法典之間：喜瑪拉雅高原之歷史與文學》一書中指出，秋吉．旺楚出生於金狗年（一九一〇年）。根據本書作者個人的記憶，他的舅舅自己確定其出生年是地雞年（一九〇九年）。

②燃燒各種具有香氣的植物所產生的煙，被用來供養諸神，也具有清淨的用途。

③三種象徵物分別是一座舍利佛塔、金剛杵或鈴、一本書籍和一尊佛像。

④薩迦寺以薩迦派為名，是薩迦派的主要寺院，在一〇七三年由昆．貢秋．嘉波（Khön Könchog Gyalpo）所建立。

⑤在西藏的系統之中，計算一個人年紀的方式是把他（她）的出生年當作第一年。因此，根據西藏的計算方式，如果我們認為秋吉．旺楚出生於一九〇九年，那麼在一九一三年時，他正值五歲。

初學與閉關

第5章

從噶陀・錫度領受灌頂與沙彌戒

從那時起，大約三年多的時間，秋吉・旺楚在一個嚴厲的大師的指導下，學習讀寫，研習所有的戒律，以及有用且必要的分科知識（branches of knowledge）①。在幼年，他遇見蔣揚・羅迭・旺波、堪千桑田・羅卓（Samten Lodrö, 1868-1931）②、法王札立・秋傑・蔣揚・秋吉・尼瑪（Tragri Chöje Jamyang Chökyi Nyima）③，而且不分教派地從許多其他偉大的上師處領受許多甚深教法。他從噶陀・錫度處領受《隆薩・多傑・寧波》（*Longsal Dorje Nyingpo*）④，以及其他甚深的灌頂和論釋，也從噶陀・錫度處領受沙彌戒（藏 rabjung getsul）⑤。

噶陀・錫度和寺院駐錫地密切合作，但是由於秋吉・旺波的早逝，其中的合作關係因而式微。事實上，噶陀．錫度是欽哲．旺波的姪兒（外甥）兼弟子，身負照料上師之駐錫地的重責大任。一九〇九年，他讓欽哲．旺波的事業化身——偉大的秋吉．羅卓（見頁68【圖5】）——接掌駐錫地宗薩寺。

①西藏的課程效法印度佛教大學的範例，包括五大和五小學科或學識分科。五大學科（大五明）是：㈠內明（藏nang rig pa；梵adhyātmavidyā），意指佛教；㈡因明（藏gtan tshigs rig pa；梵hetuvidyā）；㈢聲明（藏sgra rig pa；梵śabdavidyā）；㈣醫方明（藏gso ba rig pa；梵cikitsāvidyā）；㈤工巧明（藏bzo ba rig pa；梵karmasthānavidyā）。五小分科（小五明）是：㈠詩學（藏snyan ngag；梵kāvya）；㈡韻律學（藏sdeb sbyor；梵chandas）；㈢辭學（藏mngon brjod；梵abhidhāna）；㈣戲劇學（藏zlos gar；梵nāṭaka）；㈤占星學（藏rtsis；梵gaṇita）。

②堪千桑田．羅卓（Samten Lodrö, 1868-1931）屬於哦巴（Ngorpa）傳統，是當時薩迦派最博學的上師之一。他是羅迭．旺波的弟子，曾經和秋吉．羅卓交換許多教法。他的傳記由秋吉．羅卓撰寫，名為《*mKhan chen rdo rje 'chang ngag dbang bsam gtan blo gros kyi rnam par thar pa bkra shis 'dod 'jo*》。也可參見大衛．傑克森所著的《在西雅圖的聖哲：西藏神祕的德中仁波切之生平》，頁60、注（224）、注（248）；以及傑克森的另一本著作《哦寺的不丹住持》（*The 'Bhutan Abbot' of Ngor: Stubborn Idealist with a Grudge against Shugs-Ldan*）。

③札立．秋傑．蔣揚．秋吉．尼瑪（Tragri Chöje Jamyang Chökyi Nyima）是堪千．天帕同父異母的兄弟（參見〈導言〉注52），並成為堪千．天帕的上師。他是羅迭．旺波的弟子。

④《隆薩．多傑．寧波》（*Longsal Dorje Nyingpo*）是隆薩．寧波掘取出來的一部伏藏。這位偉大的掘藏師是督杜．多傑的弟子，定居在康區的噶陀寺，他的教法至今仍然繼續在噶陀寺傳授。

⑤蔣貢．康楚所著的《佛教戒律》（*Buddhist Ethics*），解釋佛教傳統所使用不同種類的誓戒。參見噶立班禪（Ngari Panchen）和貝瑪．旺吉．嘉波（Pema Wangyi Gyalpo）所著的《圓滿行止》（*Perfect Conduct: Ascertaining the Three Vows*）。

【圖5】蔣揚・欽哲・秋吉・羅卓。圖片背面有秋吉・羅卓的指紋。(攝影者不詳。圖片為法王南開・諾布所有)

從秋吉・羅卓領受「新伏藏」教法

從那時起，秋吉・羅卓懷著不懈的熱誠奉獻自己，擔負維繫寺院駐錫地的責任，並且用無比的慷慨大度來協助年輕的轉世(秋吉・旺楚)。他不斷地南北奔波，在德格地區所有的農田傳法，因而提振寺院駐錫地不穩定的經濟狀況，回復舊時的財富與顯赫。他多次安排秋吉・旺楚從不論學派的各個偉大上師處領受甚深的教法、論釋和灌頂。他自己則慷慨地把文殊師利三化身⑥之「新伏藏」(New Treasures；藏 tersar)⑦的教法、論釋和灌頂，傳授給年輕的祖古。

從阿宗・竹巴領受「新伏藏」和《龍欽心髓》

在水狗年（一九二二年）期間，十三歲的秋吉・旺楚旅行至阿宗・噶，跟隨阿宗・竹巴・卓度・巴沃・多傑（以下略稱「阿宗・竹巴」）一年又七個多月。阿宗・竹巴如同把水注滿到水壺的壺緣一般，極為慷慨地把前世欽哲・旺波之「新伏藏」和《龍欽心髓》（藏 *Longchen Nyingthig*）⑧的完整口傳、論釋和灌頂，傳授給秋吉・旺楚。

於淨觀中領受蓮師的心要教法

一九二四年，已滿十五歲的秋吉・旺楚徵得秋吉・羅卓的同意，在第一世欽哲的修行地水晶蓮洞進行三年閉關。他受到鼓舞啟發，追隨遍知者仁增・吉美・林巴的典

⑥文殊師利三化身即指欽哲・旺波、蔣貢・康楚和秋吉・林巴。

⑦「新伏藏」（New Treasures；藏 tersar）一般是指在德達・林巴（Terdag Lingpa）及其之後的時期所掘取出來的伏藏，相對於在德達・林巴之前的時代所掘取出來的是「舊伏藏」（Old Treasures；藏 ternying）。此處的伏藏特別是指那些由欽哲・旺波、蔣貢・康楚和秋吉・林巴所掘取出來的伏藏。

⑧《龍欽心髓》（藏 *Longchen Nyingthig*）是吉美・林巴重新掘取出來的一部心意伏藏教法。

【圖6】（從左至右）蔣揚．欽哲．秋吉．羅卓、八蚌．錫度．貝瑪．旺秋（Palpung Situ Pema Wangchog）、堪布賢嘎與蔣貢仁波切。（圖片提供：圖登．尼瑪〔Tubten Nyima〕仁波切，又名「阿拉．桑噶」〔Alak Zenkar〕）

範，從事無數種禁欲苦行，修持密續禪修的「生起次第」（development stage）和「圓滿次第」（accomplishment stage）。在閉關期間，他五次在淨觀中遇見蓮師（Guru Padmasambhava）[9]，領受不共之心要教法。在這些教法之中，最重要的是一個稱為《上師心要》的淨觀教法（藏 tagnang）[10]。

在閉關三年之後，秋吉．旺楚返回他的駐錫地。在一次和年紀較長的欽哲轉世秋吉．羅卓會面時，秋吉．旺楚說：「現在請准許我再度閉關幾年。」這一次，年紀較長的祖古回答：「現在你已經羽翼豐滿，你掌管寺院駐錫地的時刻已經到來，我要返回自己的處所。」但是秋吉．旺楚竭力地懇請秋吉．羅卓留下來，並且准許他從事進一步的閉關。最後，秋吉．羅卓的態度軟化。

⑨蓮師（Guru Padmasambhava）是在八世紀於西藏建立密續佛教的大師，被西藏人視為第二佛。

⑩淨觀教法（藏 tagnang）是指了證的上師透過淨觀所領受的教法。

第6章 宗薩寺易手

一九二九年，幾乎在他再度進入閉關兩年之後，秋吉．旺楚收到年紀較長的欽哲轉世秋吉．羅卓捎來的信息。秋吉．羅卓申明他希望返回噶陀寺。秋吉．旺楚立刻結束閉關，返回宗薩寺（見【圖7】）去會見秋吉．羅卓。

兩位上師之行政官的爭執

他想更加了解秋吉．羅卓聲稱他感到疲憊而堅持返回噶陀寺的動機，秋吉．旺楚得知在寺院駐錫地之內，不停地上演在秋吉．羅卓的行政官星永（Shinkyong）①和他自己的行政官噶札（Ngadrag）②之間的爭執。

【圖7】宗薩寺（圖片提供：圖登・尼瑪仁波切）

這兩位大師的觀點毫無牴觸，他們不可能會因為其他人所製造的爭執而受到影響。然而，他們都了解自己的行政官是受到毀壞三昧耶（samaya）的賈貢邪靈（gyalgong spirits）③的控制。兩位欽哲轉世同意，如果兩人一起留在同一個駐錫地，他們的下屬雖然受到三昧耶的連結，卻可能成為衝突的來源。其中的衝突之劇烈，足以破壞彼此之間的修行關係。

雖然兩位上師之間沒有分裂的可能性，但是大堪布蔣賈和恰果・圖登（見頁74【圖8】）居中介入，希望能夠調解爭議，使兩位行政官達成協議。

秋吉·旺楚遷移至德格·貢千寺

因此，最後的決定是秋吉·羅卓將留在目前的駐錫地，秋吉·旺楚則遷移到德格·貢千寺的新駐錫地。大堪布蔣貢和恰果·圖登會把屬於前世欽哲的法物和舍利分配給秋吉·羅卓和秋吉·旺楚。

兩位祖古保持他們清淨的本意。秋吉·旺楚如以往那般地重新閉關修行，完全放棄建造一個新駐錫地的想法。相反地，他的行政官、父親蔣揚·欽列和其他人則想要在駐錫地有個宮殿，準備要讓秋吉·旺楚住在德格首府。

【圖8】恰果·圖登（攝影者不詳。圖片為法王南開·諾布所有）

當秋吉．旺楚在水晶蓮洞從事修行時，有人（不確定是誰）給他有毒的食物，嚴重危及他的性命。秋吉．羅卓趕到他身邊，施予藥物，修持長壽儀軌，進而成功地拯救他的生命。在發生這些事件之後，秋吉．旺楚被迫遷移至德格首府，在德格．貢千寺中心、老住持桑田．羅卓美輪美奐的大臥房裡，建立他暫時的駐錫地。他停留在那裡數月，直到健康獲得改善。一旦他完全康復，他前往瑪壑．札噶（Makhog Tragra）④會見「夏衷」（shabdrung）札西．嘉措（Tashi Gyamtso）⑤，領受各種甚深的教法。

---

①星永（Shinkyong）是秋吉．羅卓的行政官，秋吉．羅卓把他從噶陀寺帶到宗薩寺。他開始和來自同一個地區、秋吉．旺楚的行政官噶札（Ngadrag）起爭端。策旺．帕久（Tsewang Paljyor, 1909-1999）是星永的繼任行政官，大約在他十七歲時（一九二五年）抵達宗薩寺。

②噶札（Ngadrag）原本來自察雅（Trayab）。他和秋吉．旺楚的家族成員都想要提升他上師秋吉．旺楚之「拉章」的經濟地位與聲望，以對抗想要把秋吉．旺楚逐出宗薩寺的派系。在一九四五年，秋吉．旺楚決定疏遠噶札。

③賈貢（藏 gyalgong）是一種惡靈，在僧伽之間激起衝突，慫恿修行者違背他們的三昧耶（samaya，在領受密續灌頂時所立下的誓戒）。違犯這些誓戒會引起進一步的邪惡勢力。在藏語裡，這種邪惡勢力稱為「賈貢．唐希」（藏 gyalgong tamsi）。

④瑪壑（Makhog）是位於噶林騰寺後方的一個河谷；札噶（Tragra）是位於一座山高處的閉關所，它可以俯瞰瑪壑河谷。

⑤「夏衷」（shabdrung）是哦寺給予那些熱中於住持職位者的頭銜。札西．嘉措（Tashi Gyamtso）在札噶閉關多年，極負盛名。

【圖9】噶古（Gagu）隱居所。在此處，蔣揚．欽哲．秋吉．旺楚從蔣賈仁波切處領受《道果法》。（攝影：安立哥．德安傑羅）

成為新、舊譯派教法的勝妙寶庫

雖然現在德格．貢千寺是他正式的駐錫地，他仍然旅行前往位於路丹的佐千寺，並前往賈沃（Gyawo）⑥的隱居所，從昆噶．帕登及其他人處領受甚深的教法。尤其他跟隨遍知的賢嘎仁波切前往涅布（Nephu）⑦的閉關處及其他地方，並且從賢嘎仁波切處領受「十三巨論」（藏 Zhungchen Chusum；The Thirteen Great Writings）⑧和「局楚．廓」（藏 Gyutrul Kor）⑨瑪哈瑜伽（梵 mahāyoga）的教法。他投入多年的時間來研習這些教法。

他領受舊譯派（the Ancients）口傳傳統的灌頂、論釋和特殊法門的甚深教導。他了無疑慮，實實在在地了證修行心要之果。此外，他從許多了證的聖哲處取得大量的教導和甚深的心要法門。因此，不受限於諸學派，他自己成為新、舊譯派之口傳（長傳教傳）和伏藏（短傳巖傳）教法⑩的勝妙祕密寶庫。

---

⑥賈沃（Gyawo）的隱居所是在噶林騰寺附近的一個閉關處。

⑦涅布（Nephu）的隱居所是另一個位於噶林騰寺附近的重要閉關處。

⑧「十三巨論」（藏 Zhungchen Chusum），是印度佛教的十三部本續，構成寧瑪派和薩迦派佛學院的主要課程。堪布賢嘎直接以原始的印度資料為基礎來撰寫論釋：

——《波羅提木叉經》（*Pratimokṣasūtra*），釋迦牟尼佛作

——《律經》（*Vinayasūtra*），印度論師德光（Guṇaprabha）作

——《阿毘達磨集論》（Abidharmasamuccaya），無著（Asaṅga）作

——《阿毘達磨俱舍論》（*Abidharmakośa*），世親（Vasubandhu）作

——《中論》（*Mūlamadhyamakārikā*），龍樹（Nāgārjuna）作

——《入中論》（*Madhyamakāvatāra*），月稱（Candrakīrti）作

——《廣百論》或《四百論》（*Catuḥśatakaśātra*），聖天（Āryadeva）作

——《入菩薩行論》（*Bodhisattvacaryāvatāra*），寂天（Śāntideva）作

——《現觀莊嚴論》（*Abhisamayālaṅkāra*），無著作

——《大乘莊嚴經論》（*Mahāyānasūtrālaṅkāra*），無著作

——《攝大乘論》（*Madhyāntavibhaṅga*），無著作

——《辨法法性論》（*Dharmadharmatāvibhaṅga*），無著作

——《究竟一乘寶性論》（*Mahāyānauttaratantra*），無著作

⑨「局楚・廓」（藏 Gyutrul Kor）是一套重要且根本的瑪哈瑜伽（梵 mahāyoga）法典，以《祕密藏密續》（藏 *Guhyagarbha*）為主。

⑩參見〈導言〉注㊻。

第7章

德格·貢千寺

邀請蔣賈仁波切傳授教法

在他三十歲那年，也就是土虎年（一九三九）年末，秋吉·旺楚返回在德格·貢千寺（見【圖10】）的駐錫地，且閉嚴關一年以上。在那段期間，他邀請蔣賈仁波切前來，並請求仁波切傳授許多教法。有幾次，蔣賈仁波切主要是對大約十個已收為弟子的中國人傳法。他也對偉大的德格法王策旺·督杜及其大臣、官員傳授甚深的教導，這些教導主要源自無上的《傑尊心髓》。

【圖10】德格．貢千寺──德格王的宮殿（攝影者不詳）

喇嘛和轉世祖古須致力於擴展事業

眾所周知，一個寺院的偉大喇嘛和轉世是教法的傳承持有者，但事實上，他們也為喇嘛駐錫地（即「拉章」）、寺院資產的添置和維修籌措資金，是寺院不可或缺的支柱。由於權利基礎、寺院財產和喇嘛駐錫地的財富是上師的事業，因此喇嘛和轉世祖古不論其重要性的大小，都根據自己的能力四處奔走，募集信眾的善款。如果上師的事業擴展，寺院和喇嘛駐錫地的影響力也會隨之水漲船高。相反地，如果寺院和喇嘛駐錫地的經濟地位受損，那麼教法持有者的聲望也會受到牽累。

在二十歲那年，喇嘛和轉世祖古在圓滿領受所有的比丘戒後，即會專心致力地

【圖11】（從左至右）第五世佐千仁波切圖登・秋吉・多傑、八蚌・錫度・貝瑪・旺秋、堪千・天帕、桑田・羅卓、蔣揚・欽哲・秋吉・旺楚，攝影時間是在一九二〇年代初期。在他們前面的小孩即是德格王。（攝影者不詳。安立哥・德安傑羅在德格・貢千寺的廚房裡發現這張照片，並拍攝下來。）

透過他們的事業來護持寺院和教法。一些偉大的喇嘛給人的印象是，一旦他們在自己的寺院升座後，那麼，除了募集供養之外，他們就會什麼也不做，直到死亡為止。

秋吉・旺楚內心深處的願望

從童年開始，秋吉・旺楚除了全心投入修行之外，沒有任何欲望。雖然他已經三十歲，但是在那之前，他唯一做的事情只有聞、思、修教法。他的行政官和父親都希望擴展他的駐錫地，但是因為難以和秋吉・旺楚達成共識，所以在實現他們的願望方面，遭遇到許多阻礙。

不論如何，由於德格王提供空前未有的資助，偉大上師秋吉・旺楚這位人物及其駐錫地毫不費力地取得顯著的重要性。貢千的喇嘛和比丘都相信，秋吉・旺楚常駐於此，會使寺院和喇嘛駐錫地立即發達起來。但是在秋吉・旺楚的內心深處，已經放棄寺院和駐錫地，並且決定做一個單純的佛教修行者，許多喇嘛和比丘對此感到不悅。

當寺院的官員表達他們的願望，敦促秋吉・旺楚在德格王國內南北奔波傳授教法來募集善款時，秋吉・旺楚感到非常氣惱。他想要放棄貢千宮殿，前往一個僻靜隱居所的願望更加強烈。然而，在德格王的懇請之下，他同意留下，即使嘉波・雄登（gyalpo Shugden）①利用當時的情勢②，開始騷擾秋吉・旺楚。雄登的信徒通常在寺院「息貢」

（sibgön）③範圍的嘉波殿（gyalpo）④內，膜拜雄登。因此，在倫竹騰寺（Lhundrubteng monastery）⑤時，秋吉．旺楚仍然投入絕大部分的時間從事閉關，全心致力於修行，偶爾傳授教法給幾個中國人、西藏弟子、德格王及其大臣。

---

①雄登（Shugden）是一種邪靈，原名為「朵嘉」（Dölg-yal），即「朵之王者」（gyalpo of Döl）之意。這個名稱來自西藏南部的一個地名，它的宗教儀式主要在格魯派和薩迦派內進行。從相當久遠的時代開始，這個教派就存在於格魯派之內，但規模有限。在第五世達賴喇嘛的時期，格魯派就已經試圖加以抑制。然而，從十九世紀的下半葉開始，經由帕朋卡（Pabongka, 1878-1941）的努力，這個教派在格魯派內大幅擴張。這個教派的重要性大增，表示格魯派原本的教法式微。「雄登」這個教派以信徒狂熱盲從、支持分派主義為特徵；這些信徒也因為對其他學派及在同一個教派內的反對者做出犯罪暴力的行為，而敗壞自己的名聲。第十四世達賴喇嘛竭盡所能地去說服信徒這個教派的有害本質，但必須面對格魯派內少數墮落腐敗的分派主義者的強烈反對。針對這些邪靈教派的歷史起源所作的研究，參見喬吉斯．德雷福斯（Georges Dreyfus）所著、內容詳盡的文章《雄登事件》（*The Shuk-den Affair*）。也可參見雷蒙多．布里尼（Raimondo Bultrini）所著的《*Il Demone e il Dalai Lama*》，本書徹底地檢視格西洛桑．嘉措（Lobsang Gyamtso）在一九九七年二月遭到謀殺的事件。格西洛桑．嘉措是達賴喇嘛對抗「雄登」這個教派的主要支持者之一，印度警方對此謀殺事件進行後續的調查。

②此處的情勢是指與對抗秋吉．旺楚的宗薩行政官有關的反對人士。

③「息貢」（sibgön）是指寺院裡的陰暗地帶，相對於陽光照耀的「尼貢」（nyigön）地帶。當通．嘉波的大殿位於「息貢」範圍之內。

④嘉波（gyalpo）的字義是「王」，它屬於藏傳佛教的天龍八部之一。

⑤「倫竹騰」（Lhundrubteng）是位於德格．貢千的薩迦派寺院的名稱。

旅行至安多

第8章

在鐵蛇年春天的第二個月（一九四一年三月），秋吉・旺楚在眾多弟子、恰果・圖登及其家屬的陪伴下，前去會見蒼巴・竹千・貝瑪・旺賈（Tsangpa Drubchen Pema Wangyal。以下略稱「蒼巴・竹千」）①。在北部廣大的游牧地區旅行一整個月期間，秋吉・旺楚傳授許多關於心性（nature of the mind）的論釋②和特殊的教導。身為大圓滿修行者的恰果・圖登告訴我：「我從所有學派各個偉大人物處領受許多灌頂和論釋，但是因為秋吉・旺楚的仁慈，我才得以引見認識本初狀態（primordial state）③。」我認為，這件事情正好發生在那段旅程當中。

獻絲巾給瑪賈・朋惹的使者

當一行人靠近安耶・瑪賈・朋惹山（Anye Magyal Pomra mountain）④時，一大群鹿從右邊往他們的方向趨近。秋吉・旺楚說：「許多瑪賈・朋惹（Magyal Pomra）⑤的使者、此處的守護神即將抵達。請給我一條阿謝（ashe）披巾⑥。」恰果・圖登立刻給他一條極為漂亮的絲質阿謝披巾。

當秋吉・旺楚及其眷眾朝牠們的方向走過去時，鹿群停了下來，好奇地凝視著他們。接著，秋吉・旺楚用響亮的聲音喊道：「瑪賈・朋惹的使者，請靠近，拿取這條披巾！」每個人都看見鹿群之首慢慢地朝秋吉・旺楚走來。秋吉・旺楚撫摸牠的頸子，把那條絲巾收捲在鹿角之間，然後打結。那頭雄鹿低頭欠身行禮三次之後，慢慢地重新加入鹿群，一起朝瑪賈・朋惹的方向前進。

恰果・圖登多次向我重述這個故事。他說，以前從未親身經歷如此不可思議的事件。數個預言家（seers；藏lhama）告訴我，首長恰果・圖登會擁有聲望、權力和崇高的地位，其因特別是來自他把那條絲巾供養給朋惹的神祇。

助蒼巴・竹千破解空行母教導裡的祕密符號

某天傍晚，當秋吉・旺楚及其從屬幾乎抵達蒼巴・竹千的房屋時，蒼巴・竹千急切地用以下的方式敦促告誡他的孩子和弟子：「護法湯千・多傑・雷巴（Tanchen Dorje Legpa）

①我一直無法完全確定這個人物。在傳記中，他的名字是貝瑪・旺賈（Pema Wangyal）。根據本書作者的說法，他在康區相當出名，尤其在札處卡和果洛（Golog）地區更是聞名。在本傳記所陳述事件發生的時期，在果洛地區，更確切地說是在蒼廓（Tsangkor），住著一個非常出名的喇嘛，即一般人所知的蒼巴・竹千（意指「蒼」這個地方的大成就者）：「蒼巴・竹千」這個名稱是來自他所居住的地區「蒼」。他具有神通，也是一位有名的醫師，當時許多偉大的喇嘛，包括佐千仁波切和雪謙・嘉察，都請他治療。他在一八三〇年出生於柯霍諾湖（Lake Kokhonor）附近，後來遷居果洛。在我能夠查閱的稀有傳記隨筆裡有提及他的姓名是竹旺・強巴・秋增（Drubwang Champa Chödzin）。一九五四年，他以一百二十四歲之高齡過世。他的兒子烏金・仁增（Orgyen Rigdzin, 1901-1988）也被人們視為一位具有神通的大成就者。關於他們兩位，請參見A bu dkar lo所著的《*Mgo Log Sman Rtsis Rig Pa'I Lo Rgyus*》，頁259-261與頁360-361。

②藏語「semtri」，上師透過某種解釋，向弟子指出真實心性。

③在大圓滿教法的系統當中，上師試圖從一開始，就把超越二元分立的心的任顯狀態介紹給弟子，此狀態也被稱為「大圓滿」（the Great Perfection；藏Dzogchen），因為打從一開始，它就是自圓滿（self-perfected）的。它是成佛的狀態，無法加以造作，也無法加以修改，它是流轉於輪迴的一切眾生的真實狀態。它相對應於無上密續「大手印」（梵Mahāmudrā；Great Symbol）轉化之道的最後階段。參見第十七章注③。

④安耶・瑪賈・朋惹（Anye Magyal Pomra）是座像山一般的斷層塊，位於今日中國青海省境內的黃河大彎道；它被西藏人視為最重要的聖山之一。

⑤瑪賈・朋惹（Magyal Pomra）是與安耶・瑪賈・朋惹山有關的地方神祇，被認為是西藏力量最為強大的地方神祇之一。

⑥「阿謝」（ashe）是一種優質的絲巾，被用來作為吉祥祈願的供養。

和給涅瑪（Ngenema）⑦正在為一個賓客的到來作準備：「這位賓客肯定非常重要。讓我們現在提前準備灌頂所需的物品，以及薈供（梵 gaṇapūja）⑧所需的供品。」

秋吉・旺楚及其眷眾一抵達蒼巴・竹千的宅邸，即從蒼巴・竹千處領受許多甚深的教導，以及各種源自他心意伏藏的心要法門。據說，吽千・嘿卡・林巴（秋吉・旺楚）幫助蒼巴・竹千破解空行母（梵 ḍākinī；藏 kabab）教導裡的特定祕密符號（藏 dasang）。在三個多月裡，上師和弟子處於完全相融相通的狀態之中，體驗修行的進展及修行的證量。最後，秋吉・旺楚再度返回德格的駐錫地。

在秋吉・旺楚返回德格之後，幾個三昧耶染污者立即製造麻煩，企圖阻止他留在德格，但是因為他們懼怕德格王的威權，而不敢公開採取行動。

接受拉戎寺的所有權

秋吉・旺楚經常應邀前往竹旺・帕登・秋賈（Drubwang Palden Chögyal）⑨的駐錫地拉戎寺（Lhadrong monastery）⑩，並且因為竹旺・帕登・秋賈把拉戎寺的所有權（藏 tendag）獻給秋吉・旺楚，因此他偶爾也會造訪拉戎寺。從拉戎寺的東楚・奇美（Dungtrul Trime）⑪處，秋吉・旺楚領受了桑田・林巴（Samten Lingpa）⑫的伏藏教法。秋吉・旺楚把嘉稱・寧波（Jatsön Nyingpo, 1585-1656）重新掘取出來的一部伏藏教法《嘉稱・秋廓》（*Jatsön Chökor*）⑬，以及竹旺・

帕登·秋賈的《竹旺·松廓》（*Drubwang Sungkor*）教法，傳授給東楚·奇美。

⑦湯千·多傑·雷巴（Tanchen Dorje Legpa）和給涅瑪（Ngenema）是兩位佛教護法。

⑧薈供（梵 gaṇapūja）是一種供養儀軌，它把二元分立之見的所有感官對境融合在無二狀態之中，藉以積聚功德，並清淨三昧耶之違犯。

⑨竹旺·帕登·秋賈（Drubwang Palden Chögyal）是噶陀傳承的一個上師。

⑩拉戎寺（Lhadrong monastery）是一座寧瑪巴寺院，坐落於距德格不遠的一座山的高處。在這些事件發生期間，竹旺·帕登·秋賈的著作、法帽，以及一尊著名的、稱為「噶達瑪」（ngadrama，意為「如我」，如同西藏境內的其他佛像，蓮師已經親自證實這些佛像都像他自己）的蓮師肖像（或寫實像），仍然保存於寺內。每年蓮師生日那天，秋吉·旺楚都會受邀前往拉戎寺，在當天傳授教法和修持儀軌，並戴上竹旺的那頂法帽。

⑪上師東楚·奇美（Dungtrul Trime）迎娶秋吉·旺楚的妹妹丹增·帕默（Tendzin Palmo）為妻。人們視東楚·奇美為一個大成就者，因為當他酒醉時，他會做出不可思議的舉動，例如在岩石上留下他的指印，把劍打結等。

⑫法王南開·諾布說：「掘藏師桑田·林巴（Samten Lingpa）原本來自卡松渡（Kharsumdo），生於十七、十八世紀，死時三十歲，拉戎寺是他的駐錫地。在本書所記述的事件發生時期，拉戎寺仍然保存五、六大卷他手寫的教法。如同尼瑪·札巴（Nyima Tragpa）的著作（主要在佐千寺傳授），桑田·林巴的著作也未被包含在《大寶伏藏》（藏 *Rinchen Terdzö*）裡。」

⑬《嘉稱·秋廓》（*Jatsön Chökor*）是由嘉稱·寧波（Jatsön Nyingpo, 1585-1656）掘取出來的一部《三寶總攝》（*Könchog Chindü*，也譯為《諸寶總攝》）伏藏教法。

第9章

在中藏朝聖

在水馬年（一九四二年）的新年之始，秋吉．旺楚旅行至「衛」和「藏」兩個地區。在旅行途中，他參訪聖地和聖物，在各地與了證的聖哲結緣。在抵達瑞廷寺（Reting monastery）①之後，他立即受到前任攝政王瑞廷仁波切的邀請，備受攝政王崇敬，而攝政王也從秋吉．旺楚處領受了整部《龍欽心髓》的教法。

在拉薩，金剛瑜伽女傳授教法

在停留拉薩期間的某一天，他出發去繞行林廓（Lingkor）②。當他抵達恰波里山丘（Chagpori hill）③的山腳下時，有個年輕女子供養他一只盛滿「羌」（chang，用青稞釀成的酒）的白色顱杯，然後立即消失無蹤。瑜伽士拓登．強田（Togden Chamten，即強巴．天達〔Champa Tender〕）④和幾個弟子親眼目睹此景。其他根器比較下等的弟子只看見秋吉．旺楚在休息，手上拿著一只裝滿「羌」的顱杯。

秋吉．旺楚分給在場的每個人一滴「羌」，口中說著「阿．霍．瑪哈．蘇卡．霍」（a ho maha sukha ho）⑤，然後把顱杯中的「羌」一飲而盡。弟子們問秋吉．旺楚怎麼會有一只盛滿「羌」的顱杯，他回答：「那個剛剛離開的漂亮女子給我的。」秋吉．旺楚的兩個弟子拓登．強田和昆桑．丹增（Kunsang Tendzin）告訴我這個故事。有什麼能夠比嘿卡．林巴

---

①瑞廷寺（Reting monastery）位於拉薩的東北方，在一〇五六年，由阿底峽（Atiśa, 982-1054）的弟子仲敦巴（Tromtönpa, 1004-1062）所創立，成為噶當巴（Kadampa）的主要中心。在宗喀巴（Tsongkhapa, 1357-1419）造訪瑞廷寺之後，該寺成為格魯巴的寺院機構。在達賴喇嘛成年之前，瑞廷寺的住持有資格擔任攝政王的職位。

②林廓（Lingkor）是環繞拉薩古城的道路，環繞於其內的包括布達拉宮（Potala）和恰波里（Chagpori）。朝聖者和虔誠的信眾繞行林廓來禮敬聖地，積聚功德。

③恰波里山丘（Chagpori hill）是構成拉薩河谷風光之特色的幾個小山丘之一。它坐落於布達拉宮的西南方，被視為金剛手菩薩的聖地。在十七世紀時，第五世達賴喇嘛的攝政王德希．桑給．嘉措（Desi Sangye Gyamtso）在恰波里山丘頂上建造一座醫藥暨占星大學。一九五九年，中國摧毀了這座大學，改建一座無線電收訊台，至今仍使當地的景致大為失色。

④拓登．強田（Togden Chamten，即強巴．天達〔Champa Tender〕）是秋吉．旺楚的弟子，也是知名的度母修行者。在後文，對他將有大幅的描述。

⑤「阿．霍．瑪哈．蘇卡．霍」（a ho maha sukha ho）是在薈供祭酒儀軌中所使用的咒語。

【圖12】十二個種子字

（即秋吉．旺楚）這個具體展現的淨觀更不可思議？

在之後的一段期間，我看見那只顱杯幾次。秋吉．旺楚把這只顱杯和其他屬於他的舍利、法器存放在一個箱櫃裡。雖然我曾堅持要他告訴我這只顱杯的故事，但他從未給我一個清楚的答案。

有一天，秋吉．旺楚傳授拓登．強田一個甚深的心意伏藏《那久麥．卻卡》（*Naljormai Chöka*）⑥，這是個金剛瑜伽女（Vajrayoginī）的教法。因為我當時剛好在場，所以也有幸領受這個教法。那時，嘿卡．林巴說：「這些教導是我在拉薩繞行林廓時，透過我遇見的那位瑜伽女（yoginī）所顯示的象徵符號而揭露出來的。」

在蓮師聖地掘取《寂靜尊雙運》伏藏

另一次，在陰曆月份的第十天，大家在雅瑪礱（Yamalung）⑦蓮師像前修持十萬薈供時，在場觀眾都看見一道白色閃光突然出現在蓮師像前。嘿卡．林巴靜默地安住在觀修狀態之中，薈供的吟誦慢慢停止，所有在場的人士也停了下來。安住於觀修的秋吉．旺楚說：「給我可以書寫的東西。」接著他睜開雙眼，凝視虛空，然後開始謄寫十二個種子字

（藏 dajang。見【圖12】）。⑧

秋吉・旺楚仍然處於觀修狀態，他要求拓登・強田和昆桑快速且精確地謄寫他即將口述的內容。因此，在僅僅三個小時之內，他傳授了超過八十頁、甚深且不可思議的伏藏教法《寂靜尊雙運》。

這些清楚顯現、按照字母順序排列的符號，是伏藏《寂靜尊雙運》之心要法門的十二個甚深種子字。

數年之後，在水蛇年（一九五三年），當嘿卡・林巴在傳授《雅希心髓》（*Nyingthig Yazhi*）⑨的教法時，拓登・強田的弟子請求他給予《寂靜尊雙運》心要法門的灌頂和論釋。在那時，我也領受了那個教法。

---

⑥《那久麥・卻卡》（*Naljormai Chöka*）是個金剛瑜伽女的教法。法王南開・諾布不確定記得這個教法的細節。

⑦雅瑪礱（Yamalung）是一個與蓮師有關的聖地，位於國王崔德・措登（Tride Tsugden）的出生地札瑪・椎桑（Tragmar Drinsang）附近。據說，此處提及的蓮師像曾經由蓮師親自加持。

⑧藏語「dajang」是指掘藏師為了顯露伏藏所破解的種子字。

⑨《雅希心髓》（*Nyingthig Yazhi*）是與《大圓滿心髓》（*Dzogchen Nyingthig*）教法有關的文獻，共有四卷，由龍欽・冉江（Longchen Rabjyam, 1308-1363）彙編而成，其中包括《毘瑪心髓》（*Vima Nyingthig*）、《空行心髓》（*Khadro Nyingthig*）、《最祕上師心髓》（*Lama Yangtig*）、《最祕空行心髓》（*Khadro Yangtig*）和《甚深心要》（*Sabmo Yangtig*）。

在欽布，護法崔・瑪波贈與紙卷

當秋吉・旺楚前往欽布（Chimpu）⑩的扎瑪・格倉穴（Targmar Keutsang cave，紅岩洞）⑪修持薈供時，發生了另一件有趣的事情。當他在明光狀態（藏 osäl）⑫中入睡時，那個聖地的護法崔・瑪波（Tsiu Marpo）⑬顯現，並且敦促秋吉・旺楚說：「《妥賈・雍杜》的種子字可以在一個三角形洞穴內的一塊岩石上找到。請求護法的協助，去找那些種子字。」

隔天，秋吉・旺楚在蓮師像前修持薈供，並且向崔・瑪波行供養。在祈請結束之際，他拿起一個食子（torma）⑭，把它帶到石牆牆底。嘿卡・林巴在清楚地確認那個三角形洞穴之後，一起和隨行者坐在地面上，並且把食子安置在一塊石頭上。在場人士再度向護法崔・瑪波行供養，請他說項求情。在那個剎那，一隻烏鴉從洞穴飛出來，降落在他們附近。牠慢慢地靠近秋吉・旺楚，嘴喙上啣著一個直徑大約六個拇指長的暗紅色紙卷。牠把那個紙卷放在岩石上，凝視著嘿卡・林巴，向左又向右地點頭數次。然後，牠慢慢地移動，抓起食子飛向天空。

這個不可思議的事件，真的發生在陪同秋吉・旺楚朝聖的眾多弟子眼前，也發生在居住於當地的許多比丘和在家眾眼前。每個人都為之感到驚訝，而且有許多人因為受到環繞在此事件周圍故事的激勵，以及受到秋吉・旺楚這位上師隨之高漲之聲望的推動，而開始從四面八方蜂擁而來，聚集於此，大為喧鬧了數天。在秋吉．旺楚的心裡，他把這個使自己聲望飆漲的騷動喧囂視為一種邪魔障礙。為了讓自己遠離這個障礙，他毫不延遲地逃離了那個地方。

我幾次有機會看見那個護法崔．瑪波贈與的紙卷。直徑六個拇指，四腕尺長（一腕尺是自手肘到中指端，大約十八至二二英寸），上面的文字是用古老的正體（藏 uchen：block characters）書寫而成。這種字體雖然細長難以閱讀，但是卻顯露了《大威德金剛》密續「事部」不可思議的教法。後來，由於拓登．強田的仁慈，我也領受了這個甚深的教導。⑮這個教導包

---

⑩欽布（Chimpu）是位於桑耶寺（Samye monastery）東北方九英里的聖地。在欽布的山上，有無數個隱居所和洞穴，都與佛教首度傳播西藏的歷史、蓮師及其第一批弟子有關。

⑪扎瑪．格倉穴（Targmar Keutsang cave，紅岩洞。譯按：此洞穴位於今桑耶的青普）是一處聖地，蓮師首次在此把《修部八教》（藏 *Drubpa Kagye*；*The Eight Sādhanās*）的教法傳授給藏王赤松．德贊及其弟子。

⑫明光狀態（藏 osäl）是指介於人入睡那一刻和開始做夢那一刻之間自行呈現的狀態。在此狀態中，二元分立的心並未發揮功能。大圓滿教法的修行者試圖保持這種狀態，藉以留在觀修狀態之中。

⑬崔．瑪波（Tsiu Marpo）屬於「參」（tsen）部的護靈，是桑耶寺的主要護法之一，也是欽布的特定守護者。

⑭食子（torma）是儀軌所使用的物品，有各種不同的外觀，有些食子的外觀極為繁複。它可以被用來當作供養（藏 shötor），或某個神祇的支托（依物）或盛器（藏 tentor）。食子是用烘焙過的大麥粉糅製成糰之後，用奶油裝飾而成；它也可以用陶土、木材或金屬製成。

⑮法王南開．諾布仍然擁有這個教法的簡軌，作為修持日課之用。

含在本續之內，並且由嘿卡．林巴清楚地加以解釋。

在這個事件之後，秋吉．旺楚拜訪許多寺院駐錫地，其中主要包括多傑．札寺和敏珠林寺（Mindroling monastery）⑯。他在這些地方遇見許多博學多聞且了證的大師，並且與他們互相傳授甚深的教法。

在雅礱接受訶子供養

阿仁．強巴．給列（Adren Champa Geleg）⑰和天達（Tendar）叔姪倆是秋吉．旺楚的弟子，陪同秋吉．旺楚到聖地朝聖。他們告訴我，當他們有天在雅礱水晶岩洞（Yarlung Sheldrag）⑱的會堂修持「息瓦．昆度」（Shiwa Kündü）⑲十萬薈供時，有個年輕女子突然走進來，手上端著一個盛滿水果的大淺盤，極為恭敬地供養給嘿卡．林巴。然後年輕女子走到蓮師像前，從覆蓋在蓮師像上的織錦華蓋下離開消失。嘿卡．林巴立即端起上面只有新鮮訶子（arura）⑳果實的盤子，給在場的每個人一粒果實。

在哦寺領受《道果法》和比丘戒

在這些事件之後，秋吉．旺楚前往薩迦寺去會見薩迦法王企千．圖拓．旺楚，尤其是去會見達欽．昆林㉑；他們三人互相傳授甚深的教法。在之後的旅程當中，他前往依旺．秋噶寺（Ewam Chögar monastery，即哦寺），主要從堪千．天帕以及許多哦寺的喇嘛和祖古處，領受著名的《道果法》（*Lamdre Lobshe*）㉒傳統的教法，並從堪布處領受比丘戒，堪布賜其名為「吉札．圖佩．天秋．秋吉．嘉措」。

---

⑯敏珠林寺（Mindroling monastery），一六七〇年由德達．林巴．局美．多傑（Terdag Lingpa Gyurme Dorje）所創立，是中藏最大的寧瑪派寺院，坐落於扎囊縣（Tranang county）扎其（Trachi）河谷。

⑰阿仁．強巴．給列（Adren Champa Geleg）是德格．貢千寺的富裕功德主，他對秋吉．旺楚極為虔誠，並且選擇陪伴在秋吉．旺楚身邊來度過餘生。

⑱雅礱水晶岩洞（Yarlung Sheldrag）位於雅礱（Yarlung）河谷，被認為是蓮師在西藏從事修行、降服地方神祇和對佛教懷有敵意之勢力的第一個洞穴。會說話的蓮師像曾經在這個洞穴，後來移到昌珠寺（Trandrug Temple）。

⑲「息瓦．昆度」（Shiwa Kündü）可能是《拉隆．桑達》（*Lhalung Sangdag*）教法的一部分，或金剛手的教法。

⑳訶子（arura）學名「Terminalia chebula」，是西藏醫學所使用的主要藥材之一。

㉑法王薩迦．企千．圖拓．旺楚告訴法王南開．諾布，在這個場合當中，達欽．昆林從秋吉．旺楚處領受教法。薩迦．企千的姐姐傑尊．吉美．祿頂（Chetsün Jigme Lüding, 1938年生）當時也在場。關於達欽．昆林，參見大衛．傑克森所著的《在西雅圖的聖哲：西藏神祕的德中仁波切之生平》，頁145、注（563），圖片第四十五張。

㉒《道果法》（*Lamdre Lobshe*）是一部在薩迦派內傳授的無上瑜伽密續。這個傳統特別是以《喜金剛密續》（*Hevajra tantra*），以及構成《*Kyedor Gyüsum*》這部文學的三部法本為基礎。這三部法本分別為：《喜金剛密續王》（*Hevajra Tantra Rāja*；藏 *Kye'i rdo rje zhes bya ba rgyud kyi rgyal po*），北京三藏（Peking Tripitaka），第一卷，no. 10, 210.2–223.1；《聖空行母金剛帳》（*Thung mong ma yin pa'i bshad rgyud of the Ārya Ḍākinī Vajrapañjara*；藏 *'phags pa mkha' 'gro ma rdo rje gur*），北京三藏，第一卷，no. 11, 223.1–238.5；以及《*Thung mong bshad rgyud of the Saṃpuṭanāma Mahātantra*》（藏 *Yang dag par sbyor ba*

一九四二年，當他在薩迦寺時，一個信差帶來偉大的德格王策旺．督杜毫無預警地過世，以及請求他為國王之死修法的消息。從那時起大約一個星期，堪布和他的弟子及所有那些因為相同的教法而結緣的人，都一起在哦寺的塔策宮（Thartse palace）㉓為已故的德格王舉行一個圓滿的修法。

供養絲巾給念青．唐拉

之後，在回程途中某個晴朗溫暖的日子，當行近唐拉斷層（Thangha massif）㉔時，他們停下稍作休息。秋吉．旺楚說：「現在請準備豐盛的『色鏘』（serkyem，金黃色的祭酒）㉕。」等到隨行的弟子為當地的神祇唐拉（Thangha）準備好豐盛的供品後，秋吉．旺楚又說：「給我一條阿謝絲巾獻給念青．唐拉（Nyenchen Thangha）。」阿仁．強巴．給列供養一條優質的尼嫫．德列（nyimmo deleg）絲巾㉖。在此之後，處於觀修狀態的秋吉．旺楚立即重複持誦唐拉命咒（life mantra）㉗數次。他從絲巾的兩端把絲巾捲起、打結，然後拋向空中。一陣突如其來的旋風把絲巾吹向唐拉的方向。

秋吉．旺楚的弟子，以及來自東藏跟他一起旅行前往中藏領受《道果法》、比丘戒的大部分比丘，都目睹此一景象。因此，秋吉．旺楚的名聲傳遍整個東藏。從那時起，阿仁．強巴．給列及許多其他同行的人，都對秋吉．旺楚生起堅定不移的信心，並全心全意地服從他。

在囊謙驅除邪靈

當他抵達游牧民居住的囊謙地區時，秋吉．旺楚驅除附身在一個男子身上、使其瘋狂失心的邪靈。那個最後被擊退的邪靈咆哮道：「你也許已經驅除了我這個使此男人瘋狂失心的人，但是現在我將奪取他的命力。」當狗群在帳篷外嚎叫時，人們可以清楚地聽見這些話語。

zhes bya ba'i rgyud chen po），北京三藏，第二卷，no. 26, 245.5–280.2。就此而言，秋吉．旺楚領受的《道果法》，乃是根據哦巴傳統所傳授的特定《道果法》。關於《道果法》的文獻，可參見《*Jam dbyangs mkhyen brtse chos kyi blo gros, the Sa Skya Lam'Bras Literature Series*》。關於各種法典的翻譯和這個傳統的歷史，參見賽若斯．史提恩斯所著的《以果為道：薩迦道果傳統的核心教法》和《光燦的生命》（*Luminous Lives*）。

㉓塔策宮（Thartse palace）是四個貴族家庭的四個駐錫地之一；這四個家族輪流擔任哦寺之首。寺院的住持（堪布）和攝政（夏衷）每次都是從這些貴族家庭的代表中挑選出來。其他三個貴族家庭稱為康薩（Khangsar）、祿頂（Luding）和遍德（Phende）。

㉔唐拉斷層（Thanglha massif）是一個崎嶇多峭壁的斷層塊，位於拉薩北部，被認為是西藏最重要的地方神祇之一。

㉕「色鏘」（serkyem）字義為「金黃色的祭酒」，是舉行儀軌時，供養給神祇的飲料。

㉖尼嫫．德列（nyinmo deleg）絲巾是一種精緻的絲巾，上有浮凸的紋樣和傳達善願的訊息。

㉗命咒（life mantra）是對應於地方神祇之生命力的字母。

隔天，那個男人雖然已經恢復神志，不再瘋狂，但是卻全身乏力，無法動彈。秋吉．旺楚和幾個弟子修法三天來贖回他的命力，終於使他完全脫離邪靈的掌控。

我從秋吉．旺楚的弟子口中聽到許多關於旅行中藏期間所發生的不可思議的事件，但是我只記得幾個比較重要的故事。㉘

㉘在這同一個旅程當中，秋吉．旺楚也造訪尼泊爾，但是作者對此沒有特別的資訊。

噶林騰寺

第10章

獲得「貢千．欽哲」名號

在水羊年年末（一九四四年一月），秋吉．旺楚抵達德格．貢千寺，停留數個星期，給予比丘們豐盛的捐款，並提供寺院莊嚴物、陳設及大量的禮物和捐獻，來增加寺院用來舉行特定儀軌和法會所需要的資金。在那時，德格．貢千寺的比丘對秋吉．旺楚為寺院增長巨大的利益讚譽有加，並認為「貢千．欽哲」（Gönchen Khyentse）的名號對秋吉．旺楚而言實至名歸。因此，現在他成為眾人所知的「貢千．欽哲」。

【圖13】噶林騰寺（攝影：安立哥．德安傑羅）

【圖14】噶林騰寺的景致（攝影：安立哥．德安傑羅）

昆噶・帕登的駐錫地——噶林騰寺

新年的第一天（一九四四年一月二十五日），秋吉・旺楚毫無預警地前往德贊（Detsen）隱居所①，在那裡閉嚴關一年多。接著，他前往賈沃（Gyawo）隱居所去見持明昆噶・帕登，修持甚深祕密教導的心要法門。在那個著名的隱居所，只有一大一小兩個洞穴可以作為修行的場所。那個較大的洞穴也是眾人集會的地方，秋吉・旺楚就在這個洞穴從事禪修。

此時的昆噶・帕登已經年邁，擁有無數且重要的弟子，但是他很難在那個地方傳授所有弟子們請求的灌頂、論釋和甚深的教導。這位成就者之主的主要駐錫地是著名的寺院噶林騰寺或噶林寺（見【圖13】、【圖14】），原先是由拉隆・帕吉・多傑（Lhalung Palgyi Dorje，以下略稱「帕吉・多傑」）②所創建。林・瑞巴・貝瑪・多傑（Ling Repa Peme Dorje, 1128-1188）③修復帕吉・多傑殿，並且在殿內傳法。

---

①德贊（Detsen）隱居所是著名的閉關處，距德格・貢千寺大約三十英里。

②拉隆・帕吉・多傑（Lhalung Palgyi Dorje）是無垢友和蓮師的弟子，用一支箭殺死在九世紀時迫害佛教的藏王朗達瑪（Langdarma）。他逃離中藏，在安多和康區的不同地區度過許多年的時間。至今，這些地方都與紀念他有關。

③林・瑞巴・貝瑪・多傑（Ling Repa Peme Dorje, 1128-1188）把教法傳授給倉巴・加惹大師，這些教法後來成為竹巴噶舉派的教法，而倉巴・加惹也因而成為竹巴噶舉派的正式創建者。

【圖15】噶林騰寺瑪哈嘎拉殿（Mahākāla temple）內的護法壁畫之一（攝影：安立哥．德安傑羅）

【圖16】噶林騰寺瑪哈嘎拉殿內的護法壁畫之二（攝影：安立哥．德安傑羅）

後來，著名的噶・安嚴・膽巴・昆噶・札（Ga Anyen Tampa Kunga Trag, 1230-1303[?]。以下略稱「安嚴・膽巴」）④在從中國返回西藏的路上，停留帕吉・多傑殿，卸下他的馬鞍。因此之故，某些人解釋這個寺院之所以被稱為「噶稜」（Galen），便是意指「卸除馬鞍」。然而，大多數人證實，這個寺院之所以稱為「噶林」，那是因為家族姓氏為「噶」（Ga）的安嚴・膽巴來到此地，建造了一座瑪哈嘎拉殿（Mahākāla temple）⑤，繪製了薩迦派教法的八大護法的新壁畫。（見【圖15】、【圖16】）因此，噶林騰寺不只是成就者之主昆噶・帕登的駐錫地，也是自古以來受到加持的一處聖地，至今它仍然是一處聖地。因此之故，成就者之主昆噶・帕登極為重視噶林騰寺。

④噶・安嚴・膽巴・昆噶・札（Ga Anyen Tampa Kunga Trag, 1230-1303?。以下略稱「安嚴・膽巴」），他的家族姓氏「Ga」（噶）是噶林騰寺（Galingteng monastery）寺名的來源。安嚴・膽巴是薩迦・班智達（Sakya Pandita, 1182-1251）的弟子，後來成為元朝皇帝忽必烈的上師。參見陳慶英、周生文合撰之〈元代藏族名僧膽巴國師考〉一文，其中提及一塊至今仍然存在、紀念皇帝之上師的石碑（譯按：即「大元救賜龍興寺大覺普慈廣照無上帝師之碑」，簡稱「膽巴碑」）。關於安嚴・膽巴，也可參見艾略特・史佩林所著的《噶・安嚴・膽巴》（*Some Remarks on Sga A-gnyan Dam-pa and the Origins of the Hor-Pa Lineage of the Dkar-Mdzes Regions*）、賀伯特・法蘭克（Herbert Franke）所著的《膽巴——在大可汗宮廷的西藏喇嘛》（*Tan-pa, A Tibetan Lama at the Court of the Great Khans*），以及丹恩・馬丁（Dan Martin）所著的《西藏歷史》（*Tibetan Histories: A Biography of Tibetan-language Historical Works*），頁231，書中指出安嚴・膽巴是《*Sa-skya gdung-rabs*》的作者。

由於那個地方具有勝妙的修行力量，昆噶．帕登、秋吉．旺楚及其弟子開始建造一座龐大的建築物，可以讓他們舒適地聚集在一起，傳授和領受教法。噶林騰寺所在地蘇帕（Sulpa）河谷的居民、寺院的比丘在虔誠功德主的資助之下，建造一幢美輪美奐的兩層樓房屋，作為昆噶．帕登和秋吉．旺楚的駐錫地。

承諾擔負起噶林騰寺的責任

在木雞年（一九四五年）的夏天，兩位大師相會，對那個地區的眾多弟子傳授特殊的教法。有一天，當兩位大師一起對守護者佩策（Pegtse，或諾金．強興〔Nöjin Chamsing〕）⑥修持供養儀軌時，這個護靈顯現，承諾會護持教法。這個無上的景象不僅顯現在秋吉．旺楚面前，也顯現在尊主昆噶．帕登面前。因此昆噶．帕登敦促秋吉．旺楚請求這個護靈採取行動。

嘿卡．林巴依從持明昆噶．帕登的願望，修持一個祈願與供養的甚深儀軌，以請求佩策居中介入。為了徹底滿足成就者之主的請求，他承諾他會擔負起噶林騰寺的責任。

遣送行政官噶札回鄉

在此同時，行政官噶札正準備擴大上師秋吉．旺楚的駐錫地，以及為他自己在噶林騰寺創造一個強而有力的地位，但是遭到秋吉·旺楚的阻止。在冬天和春天，昆噶·帕登和秋吉·旺楚這兩個上師和弟子前往賈沃隱居所朝聖，並且全心全意地在那裡修行。在此同時，秋吉·旺楚的行政官擴大他的駐錫地。當嘿卡·林巴回到噶林騰寺時，他為此感到極端悲傷。秋吉·旺楚把駐錫地三分之一以上的資產賜予行政官，遣送他返回其故鄉。噶札返回其故鄉察雅（Trayab）⑦的一年多之後便過世了。秋吉·旺楚為死去的噶札修持儀軌，並把諸多善行回向給他。

從那時起，秋吉·旺楚毫無障礙地把時間分配給噶林騰寺和拉戎寺這兩處，他偶爾會前往拉戎寺傳授甚深的灌頂和教導。在火狗年（一九四六年），昆噶·帕登和其弟子秋吉·旺楚一起前往噶林騰寺，在給予無數灌頂和最祕密之教導的同時，也從事修行。

---

⑤瑪哈嘎拉（Mahākāla）是西藏佛教的主要守護神之一。

⑥關於佩策（Pegtse），參見芮妮·聶貝斯基·沃柯維茲（Rene de Nebesky-Wojkowitz）所著的《西藏之神使與惡魔》（*Oracles and Demons of Tibet: The Cult and Iconography of the Tibetan Protective Deities*），頁88-93。「諾金·強興」（Nöjin Chamsing）是這個護靈的另一個名稱。

⑦察雅（Trayab）位於昌都東南方，今屬於西藏自治區。

從昆噶．帕登處領受伏藏教法

在冬天和春天，兩位上師和弟子留在新宮殿裡傳法和修行，尤其是傳授和修持大圓滿仰帝（yangtig，心要）教法⑧。據說，兩位上師每幾個星期輪流在帕吉．多傑殿的頂樓一個特別黑暗的關房從事閉關。當初這個關房即是為了這個目的而建造。

在火豬年（一九四七年）初冬，我和舅舅秋吉．旺楚一起去拜訪大成就者昆噶．帕登。在兩天的傳法之中，我們從昆噶．帕登處領受了與《仁津．索竹》（*Rigdzin Sogdrub*）⑨、《仰帝．耶喜．吞卓》（*Yangtig Yeshe Thongdrol*）⑩、《昆桑．貢杜》（*Kunsang Gongdü*）⑪有關的灌頂和教導，以及跟龍欽巴（Longchenpa）的《三自休息》（藏 *Naglso Korsum*；*The Three Cycles of Relaxation*）與《三自解脫》（藏 *Rangdrol Korsum*；*The Three Cycles of Self-Liberation*）、「七寶藏」（藏 Dzö Dün；Seven Treasuries）⑫、「大圓滿直指教導十七密續」（藏 Chudün Gyü；Seventeen Tantras of Dzogchen Upadesha）有關的口傳和教導。昆噶．帕登也把在黑暗中修行之教法的教導和灌頂⑬，傳授給我的舅舅秋吉．旺楚、拓登．強田、其他特定的弟子，以及大約由七個人組成的一群人，而幸運且充滿感激地，我是這群人中的一個。

⑧仰帝（Yangtig）教法，參見本章注⑩。

⑨《仁津・索竹》（*Rigdzin Sogdrub*），即拉松・南卡・吉美（Lhatsün Namkha Jigme, 1597-1652）的《仁津・索竹》。

⑩《仰帝・耶喜・呑卓》（*Yangtig Yeshe Thongdrol*）是天儀・林巴・策旺・嘉波（Tenyi Lingpa Tsewang Gyalpo, 1480-1535）關於仰帝（心要）教法的伏藏。

⑪《昆桑・貢杜》（*Kunsang Gongdü*）是貝瑪・林巴（Pema Lingpa, 1663-1713）的伏藏。

⑫「七寶藏」（藏Dzö Dün；Seven Treasuries）是龍欽巴（Longchenpa）的著作，包括《如意寶藏論》（藏*Yid bzhin mdzod*）、《竅訣寶藏論》（藏*Man ngag mdzod*）、《法界寶藏論》（藏*Chos dbyings rin po che mdzod*）、《宗派寶藏論》（藏*Grub mtha' mdzod*）、《勝乘寶藏論》（藏*Theg mchog mdzod*）、《實相寶藏論》（藏*gNas lugs mdzod*）和《句義寶藏論》（藏*Tshig don mdzod*）。

⑬藏語「Yangti Chinlab Muntri」，「chinlab」不像「wangkur」，是一種不牽涉正式授予「四灌頂」的傳法。關於「四灌頂」，參見第十九章注②。

第11章

掘取金剛手伏藏

淨觀中顯現伏藏種子字

當嘿卡．林巴安住在介於睡眠和覺醒之間的明光狀態時的那段期間，有兩次某個伏藏的十八個種子字清晰地顯現在他面前。第一次，一個深藍色、佩帶骨飾的忿怒空行母，呈獻嘿卡．林巴一部伏藏的教導。這些教導以金字書寫在一腕尺高的銅匾上。第二次，伏藏的十八個種子字燦爛清晰地在深藍色的天空閃耀，美輪美奐，如同以銀精工細作的裝飾圖案。此外，在他的修行覺受中所顯現的淨觀之中，相同的種子字以各種隨意的方式顯現數天。他用以下的方式謄寫這些種子字：

吽・吽・吽千・嘿卡林（Hum hum humchen hekaling）

ཧཱུྃ

在火豬年猴月的第十天（一九四七年六月二十八日），**從拉隆**（Lhalung）①**的帕多岩**（Paldo rock）**取出金剛手佛像的時機已經到來！**

瑪哈・咕嚕（Mahā Guru，蓮師）**勝心之依物被帕吉・多傑**②**封為寶藏。**

「身」之象徵物是六拇指高、內含佛陀舍利的金剛手佛像。

「語」之象徵物，是一個甚深祕密教導的教法——其特殊的種子字類似「阿」（A，ཨ）**、「呼」**（HU，ཧཱུ）**、嘛**（MA，མ）**——將會顯現的時機尚未決定。**

「心」之象徵物，一只六個拇指高的金剛杵（dorje）③**，可以在帕若・塔蒼岩**（Paro Tagtsang rock）④**找到。**

當吉祥具緣的時刻到來之時，這每一個特殊的寶藏將會顯現。

---

①拉隆（Lhalung）是位於噶林騰寺東邊的一個河谷。

②參見第十章注②。

③參見第四章注③。

④帕若・塔蒼石（Paro Tagtsang rock）位於不丹的帕若（Paro），是蓮師展現為忿怒尊咕嚕・多傑・多洛（Guru Dorje Trolö）的聖地。

授記確然地指出，釐清不同寶藏的封藏地點的特殊教導，
將會在適當的時刻顯現。

三昧耶

Dathim⑤

當秋吉・旺楚把這些不可思議的授記顯示給大威成就者之主昆噶・帕登時，昆噶・帕登敦促秋吉・旺楚去掘取時機已經到來的甚深寶藏，並且勸他去創造必要的吉祥因緣。

至拉隆掘取金剛手伏藏

在火豬年猴月的第六天（一九四七年六月二十四日），秋吉・旺楚依照成就者之主昆噶・帕登的請求與願望，他們（上師和弟子）兩人在大約二十位學生的陪同之下，前往聖地拉隆・帕多（Lhalung Paldo）。除了他們之外，還有三十多位親近的弟子、比丘和當地的在家眾立即聚集在那裡去會見、禮敬他們。

從陰曆初七至初十日，成就者之主昆噶・帕登和秋吉・旺楚，連同由來自當地各寺院的數十個人所組成的僧伽，一起修持《三根本儀軌》（藏 *Tsasum Drildrub*；*The Combined Sādhanas of the Three Roots*）⑥十萬薈供。

於初十日的黎明，在睡眠期間處於明光狀態的昆噶・帕登看見一塊類似直立金剛杵的白色岩石，位於一個閃耀藍色「HUM」（吽）字的中央。嘿卡・林巴夢見一塊白色岩石，形狀類似金剛杵，比一幢三層樓的房屋還高，位於帕吉・多傑洞穴的右側。在金剛杵的中央，清晰無誤地顯現一個巨大、暗藍灰色的浮凸「HU」（呼）字，並從「HU」（呼）字發出「HUM」（吽）的聲音。

隔天早晨，昆噶・帕登和秋吉・旺楚兩位大師同意伏藏封藏的地點。在抵達那個地點，往山頂的方向攀登之後，秋吉・旺楚和弟子們以簡單的方式修持《三根本儀軌》十萬薈供。將近黃昏之際，他們將一把木梯靠在岩石上，嘿卡・林巴爬上木梯，清楚地辨識出「HU」（呼）字。他做出祈願，用一個十字鎬擊打岩石九次。接著，他指示學生札

---

⑤法王南開・諾布說：「這個字通常會在與掘取一部伏藏有關的指示末尾看到，意指種子字依照特定的因緣而顯現和消失，如同一旦黑暗再度降臨，一只鑽戒因為光照而發出的閃光就會消失。」

⑥《三根本儀軌》（*Tsasum Drildrub*）原本由第一位大掘藏師桑給喇嘛（Sangye Lama）在尼泊爾木斯塘（Mustang）的洛格卡（Logekar）掘取出來的伏藏。桑給喇嘛生於第十世紀下半葉。參見金恩・史密斯所著的《在藏語法典之間：喜瑪拉雅高原之歷史與文學》，頁28。之後這部伏藏重新被蔣揚・欽哲・旺波掘取出來。

西・東竹（Tashi Töndrub）挖掘的地點，然後爬下梯子。

當札西・東竹進行挖掘時，秋吉・旺楚及其弟子吟誦一篇蓮師祈願文。二十分鐘之後，細沙開始傾瀉而出；幾分鐘之後，一塊石頭隨著細沙出現，大約六拇指高，看起來有金剛手佛像的外觀。札西・東竹把這塊石頭遞給嘿卡・林巴，在清洗之後，那個物品很明顯地真的是一小尊金剛手佛像（見【圖17】）。

接著，秋吉・旺楚把一只裝滿各種物質（藏pumter）的特殊寶瓶交給助手札西・東竹，放在取出伏藏後所留下的凹穴裡，以替代金剛手佛像，嘿卡・林巴親自封住那個凹穴。之後，黑暗立即降臨，整團人毫無困難地藉著月光在路徑上行走，返回位於拉隆的營地。嘿卡・林巴將佛像交託給大威成就者之主昆噶・帕登，昆噶・帕登懷著極大的喜悅把佛像放在頭頂上很長一段時間，領受它的加持，然後念誦祈願文，把佛像放在秋吉・旺楚的頭上，然後用佛像碰觸每個人的頭，一一加持所有在場的人。

【圖17】拉隆（Lhalung）伏藏——金剛手（Vajrapāṇi）佛像。（攝影：欽哲・耶喜）

連續三天在拉隆營地，兩位大師傳授在場弟子各種金剛手菩薩的教法和灌頂。在那個場合，數百位來自周圍地區的比丘——主要來自蘇帕地區的寺院，以及男女在家眾都聚集於此，舉行煙供（smoke offering）⑦、法會、慶典和賽馬。

當金剛手佛像被掘取出來，用除邪水清除上面的沙子之後，人們注意到，位於金剛手菩薩頭部右側、象徵五部佛⑧的五個顱骨之一，因為受到尖鋤的敲擊而損傷。昆噶·帕登和秋吉·旺楚兩位大師都預示，這個徵相肯定預告一個動盪的時代即將到來，難以避免。

我一再地從當時在場的二十多位弟子和許多其他人口中，聽到這個伏藏重見天日的故事。

⑦參見第四章注②。
⑧五部佛代表明光心的五種功德，在相對（世俗）的層次上，相對應於「五毒」、「五大」和「五方」等等。

第12章

非凡的事蹟與遭遇

從康薩・堪千領受時輪金剛灌頂

在鐵虎年（一九五〇年），嘿卡・林巴前去會見那隆（Nalung）大成就者那隆・竹千・桑給・桑波（Nalung Drubchen Sangye Sangpo。以下略稱「桑給・桑波」）①，我和他及其弟子一起旅行一個多月。在抵達結古鎮（Kyegundo）②時，秋吉・旺楚（即嘿卡・林巴）受到康薩・堪千（Khangssar Khenchen, 1902-1963）仁波切（即眾所周知的噶旺・雍登・嘉措〔Ngawang Yönten Gyamtso〕、竹巴堪布噶旺・羅卓〔Ngawang Lodrö〕。見【圖18】）③邀請去位於城內的寺院拜訪他。因此，當他們花三個多小時在一間小臥室討論教法觀點和禪修時，我有機會和他們在一起。為了滿足我舅舅的請求，康薩・堪千仁波切一連數天地授予我們勝妙的夏魯寺（Shalu monastery）④傳統

【圖18】噶旺．雍登．嘉措（Ngawang Yönten Gyamtso）（攝影者不詳）

的時輪金剛（梵Kālacakra；藏tükhor）灌頂，我也非常感激地領受了。

尋訪那隆大成就者

在離開結古鎮並旅行兩天之後，我們抵達那隆大成就者桑給．桑波居住的山坡。隔天，我們登上山頂，終於見到了他。當我們走到他面前時，他看著秋吉．旺楚，然後用一根手指指著他的右邊大叫：「走，快點！」我們沒有動，不知道該怎麼做。於是他再次用手指催促我們：「去那裡，快，快，去！」到了那時，秋吉．旺楚喃喃地說：「我們真的必須往那個方向走，而且要儘快。」

我們快速地朝他所指示的方向移動，然後在大成就者居住的山後、一個長滿樹木的高大山丘附近，我們聽到樹叢底下傳來痛哭的聲音。「快，我們走！」秋吉．旺楚命令。到達那個地方之後，我們發現一個獵人因為從一塊岩石上掉下來而身負重傷。

秋吉．旺楚慢慢地靠近那個獵人，賜予加持，使其確信他已擁有上師、本尊、空行母和護靈（藏kago；the guardian spirits）的保護，並且派遣我們其中一個比丘去通知他的家人。然後，我們返回大成就者的住處。儘管秋吉．旺楚身形壯碩，並未在意寒冷或疲憊，我們在經過三個多小時緩慢艱難地跋涉之後，才再度來到大成就者的面前。他看起來心滿意足，直視著秋吉．旺楚說：「好！」然後繼續說了一段很長、幾乎完全聽不懂的話。

①法王南開·諾布說：「那隆·竹千·桑給·桑波（Nalung Drubchen Sangye Sangpo）也是眾所周知的那隆·雍巴（Nalung Nyönpa）——那隆的狂人（the madman of Nalung）。那隆（Nalung）是距離結古鎮不遠、位於格壑（Gekho）的一個河谷。這位大成就者原本是薩迦巴寺院的一個比丘，在寺院發現他和一個女子之間的關係之後，被逐出寺院。在離開寺院後，他和其伴侶住在寺院對面一座山上的洞穴裡許多年，全心全意地從事金剛瑜伽女的密集修行。有一天，他把一尊漂亮的金剛瑜伽女像丟出窗外，離棄洞穴，消失無蹤。後來，他在一座山頂上的僻靜處落腳，行為舉止像是一個瘋子，常常恐嚇前來拜訪他的訪客。在秋吉·旺楚拜訪他之後不久，某個噶舉派的重要喇嘛朝他丟擲石頭而趕走了他。」

②結古鎮（Kyegundo）位於今青海省玉樹縣。參見本章注⑥、⑨。

③噶旺·雍登·嘉措（Ngawang Yönten Gyamtso, 1902-1963）於一九三三年至一九三六年間，在哦·康薩寺（Ngor Khangsar）擔任堪布一職。他也是為人所知的「竹巴堪布」（Drugpa Khenpo，因為他曾經在不丹居住幾年）和「拉卡哈堪布」（Labkha Khenpo），他被認為是一個具有神通的證悟者。他帶頭發起削弱雄登（參見第七章注①）勢力的運動，並且首先在哦寺採取攻勢；他的介入遭到比丘和前任堪布的強烈反抗。他繼續在其他薩迦巴寺院，也在康區發起這個運動。

噶旺·雍登·嘉措是蔣賈仁波切的姪兒（或外甥）。一九三一年，他和秋吉·旺楚一起從蔣賈仁波切處領受《道果法》（參見〈導言〉注㊲）。大約在六十歲那年，他死於今青海省首府西寧附近的中國監獄裡。關於噶旺·雍登·嘉措，參見大衛·傑克森所著的《在西雅圖的聖哲：西藏神祕的德中仁波切之生平》，頁188-189、注（121）、注（126）、注（710）、注（714）；大衛·傑克森的《哦寺的不丹住持》；以及金恩·史密斯的《雄登教派之歷史》（*Notes on the History of the Cult of Rdor rje shugs ldan*），頁7-9。

④夏魯寺（Shalu monastery）傳統以傑尊·謝拉·永涅（Chetsün Sherab Jyungne）在一〇四〇年創建的和合寺院命名。該寺院大約位於日喀則東南方十二英里。今日，夏魯寺以其寺院內的壁畫最為聞名，也是十四世紀西藏象徵藝術的非凡表徵。它的名聲歸功於寺院住持布頓·仁欽·珠（Putön Rinchen Drub, 1290-1364），他是一位博學多聞的偉大人物，在他的著作之中，最受人記憶的是編輯一個版本的佛經（譯按：即《西藏大藏經》中的《丹珠爾》）。雖然夏魯寺和薩迦派有淵源，但是夏魯寺卻發展出自己的傳統，保持其獨立和獨特的特色。

他轉向我，對我說了很長一段時間，但是我只能夠了解兩句話。我聽他重複說「在一座大山的中央」和「有一本波提（poti）書⑤」這兩句話好幾次，我問秋吉・旺楚仁波切：「大成就者的話是什麼意思？你聽得懂嗎？」

「大成就者的話語充滿象徵意義，」秋吉・旺楚回答。他肯定了解其中的意義，但是在那時，因為他非常疲憊，所以我不敢多問。

無火自燃的奇蹟

秋吉・旺楚也受邀前往結古・加那（Kyegu Gyanag）拉章⑥。在那裡，加那（Gyanag）祖古的兩位轉世請求秋吉・旺楚授予「策塔・松椎」⑦灌頂。

同天傍晚，在兩位轉世上師駐錫地的大殿，秋吉・旺楚和兩位加那祖古的轉世一起在女護法瑪佐・嘉嫫（Magzor Gyalmo，吉祥天女）⑧像前，修持一個供養長軌。秋吉・旺楚把一條絲巾放置在裝著女護法像的箱子上，作為供養。當他們向天女呈上食子時，火舌從那條絲巾迸發出來。由於那條尼嫫・德列絲巾附近既沒有油燈，也沒有燃香（無其他的熱源），所有在場的人士都為之驚訝，中斷念誦很短一段時間。除了那條絲巾之外，沒有任何東西起火，其他人所供養的絲巾也都沒有起火。我們所有人都親眼目睹此一景象。

另一次，秋吉・旺楚受到札烏百戶長（Trau Behu）⑨的邀請，修持與不動佛（藏 Mingtrug

Chogai Shinchog：Buddha Aksobhya）有關、利益死者的儀軌。幾乎在場的每個人都看到那張準備在法會期間焚燒的亡者名單自行起火。

在那個百戶長的宮殿裡，秋吉．旺楚賜予加持，治療一個被患有狂犬病的狗咬傷而染上狂犬病的男人。同天傍晚，那個男人恢復正常。

另一次，當秋吉．旺楚在丹豁（Denkhog）⑩一尊會說話的度母（女性大悲菩薩）像前舉行法會時，所有在場觀眾都看見度母像前的油燈冒出一個高度超過九英寸的五彩火舌。

⑤「波提」（poti）是傳統西藏書籍的名稱，其形狀是長長的長方形，書頁並未裝訂在一起。

⑥結古．加那（Kyegu Gyanag）拉章位於今青海省玉樹縣結古鎮附近。該寺是在十三世紀，由第一世加那（Gyanag）祖古從中國返回西藏途中創建。法王南開．諾布仍然記得，當他走進這些喇嘛的駐錫地時有多麼驚訝：「由於寺院和中國之間的商業活動興盛，喇嘛們擁有各種鐘錶，這些鐘錶『滴答』、『滴答』瘋狂作響。我來自一個完全沒有鐘錶的佛學院，為此感到驚奇不已。」

⑦「策塔．松椎」，參見第二章注⑩。

⑧瑪佐．嘉嫫（Magzor Gyalmo）是女護法帕滇．拉嫫（Palden Lhamo，吉祥天女）的另一個身相。

⑨札烏百戶長（Trau Behu）是結古鎮的首長。藏語「Behu」是囊謙王給予大臣的頭銜；它是中文「百戶」（bai hu）——百戶長——的藏語音譯。關於這個地方首長之家族的進一步資訊，參見大衛．傑克森所著的《在西雅圖的聖哲：西藏神祕的德中仁波切之生平》，附錄F，頁524-527。

⑩丹豁（Denkhog）當時是在德格的管轄範圍之內，現在位於昌都江達縣內。據說，度母殿是在藏王松贊．甘布（Songtsen Gampo）時期興建，位於長江東岸。此處提及的度母像被認為是一尊會說話的度母像。

這些是在那段期間，我個人親眼目睹的一些事件，但是那時在秋吉·旺楚身邊的人表示，還有許多其他故事可說。⑪

為弟弟噶旺·羅卓消除障礙

在鐵虎年六月十日（一九五〇年七月二十四日），秋吉·旺楚前往拉戎寺，在一場竹千大法會（藏 drubchen；梵 Mahāsādhana）⑫擔任領頭（藏 Üshug）⑬的角色。在那個場合，他傳授《喇嘛桑杜》（*Lama Sangdü*）教法⑭，我也有幸領受。正是在那時，嘿卡·林巴提到，有某個伏藏的授記教導指出，在隔年有必要公開顯露一個包含了五部甚深教法的容器，有助於克服當前這個時代的負面事物。

在返回噶林騰寺途中，我們在倫竹騰寺停留一宿，圓滿秋吉·旺楚之弟的願望。一些年來，秋吉·旺楚之弟噶旺·羅卓（Ngawang Lodrö）——寺院最優秀的喇嘛之一——曾經是「蘇拉」（surlas）⑮的維那師（領唱師）。「蘇拉」的資金來源主要是來自負責管理嘉波殿⑯喇嘛的活動。噶旺·羅卓投入數年的時間，擔負起為雄登靈體⑰修持法會的責任。因此之故，他的主要命氣（梵 prana）偶爾會受到侵擾，並且身體因而癱瘓。雖然他嘗試許多藏藥和中藥的療法，但是都無法改善他的症狀。

秋吉·旺楚和他的弟弟相會，並且預測藉由他的保護，弟弟的障礙將會消除。秋

⑪一九八一年，法王南開．諾布在挪威奧斯陸（Oslo）附近進行閉關期間，講述了另一個發生在結古鎮旅行的事件，但是這個故事並未包括在這本傳記之中：

一天傍晚，我們搭乘由馬和騾所拉的篷車，抵達一個河谷，然後在此地紮營。我們剛剛修持一個迎請護法的儀軌，一個女子突然來到我們的營地，為我們的馬匹帶來糧秣，但是她真正的目的是來見我的舅舅。從她詢問關於教法的問題看來，她是個有趣的女子，我們不會期待一個普通人會提出那些問題。我舅舅好奇地探問她是從誰領受教法，她回答，她的上師住在離我們隔天要行經的路徑不遠的一個洞穴裡。她給我們非常精確的方向，解釋在我們前往的途中，會看見一塊岩石，在岩石後面是一條陡峭的上行道路，我們要順著那條路走。她也警告我們，去的人不應該超過兩、三個，否則她的上師會生氣而拒絕接見。那個女子又說，這位大師是個不可思議的人物，能夠穿過堅硬的物質，他都是從岩壁進出洞穴。

我舅舅決定去見他。隔天，我們遵照那個女子的指示，抵達她所描述的那塊岩石後面的路徑。我舅舅把一行人留在原地，帶著另一個比丘和我登上陡峭的上坡，直到我們抵達洞穴為止。我們沿著一條曲折迂迴的路徑行走，然後來到一個老人面前。他身邊有個年輕很多的人，我們認為那個人是老人的助手。我舅舅把帶來的小禮物供養給長者。這位隱士顯得非常仁慈，對我舅舅過度勞累自己登上那條崎嶇的路徑表達關心，客氣地噓寒問暖。當秋吉．旺楚向他請法時，他先謙卑地婉拒那個請求，並且說：「應該是我請求您賜予加持。」我們留在那裡一段時間，我舅舅詢問他許多問題，他也非常仔細地回答。我舅舅對此感到極為滿意，但不幸的是，我那時大約十二歲，不記得對話的細節，而且所有的問題都極為複雜。大約半個小時之後，我們離開了那個地方。我舅舅一直說那個老人是個非常仁慈的偉大上師，此行的其他成員也應該見見他。

大約兩天之後，我們抵達結古鎮。在那裡，我舅舅試圖找出那個老人究竟是何許人，但是沒有人確切地知道。在拜訪那隆的大成就者之後，我們決定再去見那個老人一次。在我們再度抵達那條上坡的路徑時，我舅舅要我帶領一群旅人去拜見那位大師，但是走了一小段路之後，那條陡峭的路徑消失了。儘管我們費盡全力，四處在山坡上尋找那條路徑，都沒有找到他。我們詢問幾個當地人，但沒有人有任何頭緒。那個最初給我們資訊的女子也曾經說，那位大師名叫竹拓．強田（Drubthob Chamten）。我們真的見過那個老人，以及他友善體貼的年輕助手。但是在那之後，一切彷彿南柯一夢，只是空想。

吉·旺楚及其弟子前往噶旺·羅卓的臥室，並且在夜間傳授「咕嚕·札普」（Guru Tragphur）⑱灌頂。為了消除所有內在和外在的障礙，秋吉·旺楚燃燒「庫谷」（kugul）⑲焚香，並且四處撒放用咒語加持過的米粒。在那時，一只一腕尺高、放置在臥房供桌角落的中國骨董瓷製花瓶「啪」地一聲爆裂成碎片。

秋吉·旺楚仁波切詢問那只花瓶的來處。在聽到他弟弟說它來自嘉波殿之後，他要求弟弟帶另一只花瓶到嘉波殿作為替代品。從此以後，折磨他弟弟命氣的騷擾與其癱瘓的身體，都完全消失了。噶旺·羅卓本人和我舅舅的弟子告訴我這件事情。

昆噶·帕登圓寂於賈沃

在鐵虎年冬末新月那一天（一九五一年一月），大成就主昆噶·帕登在賈沃離世。他的法體七天沒有受到干擾，在那七天期間，他保持一種非常特殊、稱為「圖當」（藏thugdam）⑳的禪觀狀態，這是具有高度證量的修行者在死後所保持的狀態。

在七天之後，他的法體被帶到噶林騰寺。在陰曆初十，秋吉·旺楚和來自各地的眾多弟子參加茶毗大典。在典禮期間，出現許多吉兆，人們在他的骨灰中發現許多舍利（藏ringsel）㉑。

關於竹拓・強田，參見德中仁波切所寫的簡傳《*Grub thob byams*》，頁421-438。

⑫竹千大法會（梵Mahāsādhana，或「大修行儀軌」）是一種密集的密續儀軌修行，是由一群閉關修行者日夜無間地修持數天才完成。在竹千法會期間，是以稱為「雍朵」（藏nyongdrol，一種嚐解脫物質，即透過嚐食這種物質而達到嚐解脫）或「曼竹」（藏mendrub，加持過的藥物）的藥用物質受灌。

⑬藏語「Ü shug」一詞指出舉行一場重要法會（例如竹千法會）之人的功能。

⑭《喇嘛桑杜》（*Lama Sangdü*）是揚拉・尼瑪・歐澤（Nyangral Nyima Öser, 1136-1204）的伏藏；這個教法是以蓮師八變之結合為基礎。

⑮「蘇拉」（surlas）是在德格・貢千寺所使用的頭銜。「蘇拉」扮演金剛阿奢黎（dorje lobpön）的角色，精通在寺院內修持以及與六個次要壇城（maṇḍala，曼達）有關的六部修法之一。

⑯參見第七章注①。

⑰同上。

⑱咕嚕・札普（Guru Tragphur）是蓮師的忿怒尊。

⑲「庫谷」（kugul）是一種以安息香為基礎的焚香，特別用來驅除邪靈和負面的事物。

⑳「圖當」（藏thugdam）是上等的修行者在死後所保持的特殊觀修狀態，維持的天數不等。

㉑藏語「ringsel」是指在具有高度證量的大師骨灰中所發現的舍利。各種不同種類的舍利表示個人證量的層次，最常見的種類是各種不同顏色、呈小球狀的舍利。

第13章

耶宗伏藏

掘取耶宗伏藏的夢境

在鐵兔年夏天的第一個月（一九五一年五月），我和秋吉・旺楚見面。他給我看一些與某個伏藏有關的授記（Tergyi Khajang），並且用以下的方式來陳述它的歷史：

「去年陰曆初十的黎明，我在拉戎宮，夢見自己在咕嚕・松炯瑪（Guru Songjönma）①法像前修行。突然間，一陣強烈的旋風生起，在同一剎那，一道燦爛的紅光從開啟的大門湧入殿內，星永・旺嫫（Shinkyong Wangmo）②顯現在那道紅光的中央。」

「我用甚深的心咒向她祈請，在此同時，星永・旺嫫恭敬地把一卷一腕尺長的綠色布匹放在我的面前，然後消失無蹤。我把那匹布料打開，看見空行母用金墨描繪的六個種子字，以及用印刷體清楚書寫的十八行詩文。當我醒來之後，我寫下剛剛所夢見的種種，並對某些種子字和字句產生疑慮，這使我沒有將這些教法付諸實修。」

「在成就主昆噶・帕登死後的第三個星期，在陰曆二十五日凌晨，當我處於睡眠的明光狀態時，發現自己再度置身林瑞巴（Lingrepa）殿內，為圓寂的成就主行供養。突然之間，他以青春年少之姿進入殿內，以瑜伽士的骨飾為莊嚴，身邊環繞著也飾有骨飾的迷人少女。在看見他時，我覺得內心生起廣大的信心和慈心。我請求他加持我的心意，並且永不與我分離。」

「成就主說：『心子，開啟聖地之門，按照一年前星永（Shinkyongma，星永・旺嫫）授予你的伏藏教導來掘取寶藏。』」

「我回答，我記不清楚伏藏教法裡的所有字句，也不知道指定的聖地耶宗（Yedzong）的位置，我也對公開掘取伏藏這件事情感到憂心。」

「竹傑（Drubje，即昆噶・帕登）看著我左邊的空行母說：『東瓊瑪（Dungkyongma）將告訴你

①在那時，這尊會說話的佛像咕嚕・松炯瑪（Guru Song-jönma）置於拉戎寺內，它被人們視為竹旺・帕登・秋買的心依物。參見第八章注⑨。

②星永・旺嫫（Shinkyong Wangmo）是給涅瑪的另一個名號。參見第八章注⑦。

怎麼前往聖地。』空行母東瓊瑪牽起我的左手，要我跟著她去。我們從地面生起四腕尺高，如風般疾行至聖地。聖地最高處岩石嶙峋，山坡上覆滿樹木直到山腰，山腳則被草原環繞。我們抵達山巔，發現我們置身在一個坐北朝南的洞穴前。」

「一些身穿絲衣、佩帶綠松石飾品的年輕美麗女子來到我面前，恭敬地向我頂禮，我以為她們是這處聖地的主人。她們在我面前擺放成堆的、色彩繽紛的絲綢珠寶等珍貴禮物。我詢問她們關於這個聖地的種種，為首的年輕女子說：『這是耶宗，一些居民也稱它為布宗（Budzong）。』接著，她用雙手呈給我一卷綠色的布匹，又說：『我把這些掘取伏藏的重要教導交託給伏藏主人之手。』我展開布匹，仔細地加以檢視。我再次清楚地看見相同的種子字，以及和我之前所領受的教導一模一樣的字句。」

「當我讀完伏藏教導，所有的空行母異口同聲地重複念誦種子字『he』（嘿）和『ka』（卡），而且一次比一次大聲。在她們吟誦十次之後，我清醒過來，完全記得每個種子字和一字一句。這一次，我肯定確實地寫下六個種子字和十八行偈頌。」

秋吉．旺楚．嘿卡．林巴在睡眠的明光狀態所領受的六個種子字和根本教導，完整地顯現如左頁上：

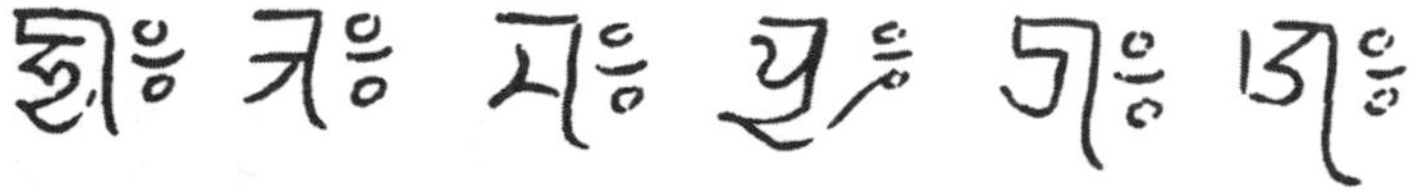

嘿卡・林巴・赫魯卡（Heruka），
開啟聖地耶宗三根本③宮殿之門的時機已到。
在兔年的六月十日，
三根本和空行母的力量將增強。
如果聖地在彼時開啟，
所有接觸教法者將了證其意義。
在山之南側，三根本之聖地，
在白色岩石的中央，
有一個「ཨ」（阿）字，
有一個受到蓮師加持的洞穴。
在其上部，一個「ཨ」字清楚顯現。
在那個光滑的白色岩石之內，
在那個「ཨ」字之內，

③三根本（藏lama，yidam，khadro）是上師——一切加持之本；本尊——一切成就之本（了證的「不共」成就，以及世俗權力之「共」的成就）；空行母——一切事業之本。

有一個容器包含了與聖地有關的教導，
以及五部祕密教導。
在這天，在適當的時機從事每一件事情，
公開掘取伏藏是有必要的。
準備煙供、除邪水和薈供來創造善吉祥。
當盛裝伏藏的容器被開啟，授記將為人所知。

Dathim
三昧耶

尋找耶宗伏藏

在看了這些教導之後，我全力敦促舅舅公開地顯露這個伏藏。我請求他修持儀軌，如此一來，與負面的世俗因緣有關的障礙就不會生起。於是我的舅舅說：「儘快圓滿持誦十萬遍《蓮師願望迅速成就頌》（*Sampa Lhundrub*）④，以及對一髻佛母（Ekajati）、大遍入（Rahula，或羅睺羅）、具誓護法金剛善（Dorje Legpa，多傑・列巴具誓護法）、給涅瑪等護法，修持十萬薈供和供養讚頌祈願文〈瑪・札・塘・松・給涅瑪・索空〉（Ma Za Tam Sum Ngenemai

Solkong)，⑤是非常重要的事情。」我鼓勵噶林騰寺的喇嘛和比丘，以及所有的信眾及早修持所有這些儀軌，以消除意外的逆緣。在此同時，我們讓每個人知道，嘿卡·林巴(秋吉·旺楚)會如何開啟聖地耶宗之門，以及他將如何顯露寶藏。

在猴月第六天(一九五一年七月)的黎明，秋吉·旺楚及其眷眾一起離開噶林騰寺。當我們抵達拉隆平原，秋吉·旺楚對我們說：「今天我們所有的人——上師和弟子，全都集合在這個圓滿的處所，我們將舉行煙供來清淨染污；我們將供養讚歌來崇敬這些地方的神祇和護靈，其中最主要的是安葉·耶賈(Anye Yegyal)；我們將生起正面的勢力和能量。明天早晨在日升之後，我們必須抵達聖地耶宗。讓我們找出它和此地之間的距離，以及我們如何抵達聖地。」

接著，秋吉·旺楚從事煙供儀軌，禮敬這些地方神祇，尤其是禮敬安葉·耶賈，並且給予我們能夠修持這些儀軌的口傳。

---

④《蓮師願望迅速成就頌》(*Sampa Lhundrub*)是上師仁波切的祈請文，也是秋吉·林巴的伏藏，可以讓人任運滿願。

⑤〈瑪·札·塘·松·給涅瑪·索空〉(Ma Za Tam Sum Ngenemai Solkong)是針對一髻佛母(Ekajati)、大遍入(Rahula，或羅睺羅)和具誓護法金剛善(Dorje Legpa，多傑·列巴具誓護法)三位護法(大圓滿教法的三位主要護法)，以及對給涅瑪所作的供養讚頌儀軌和祈願文。

所有眷眾都遵守上師的命令，在拉隆平原紮營。我們全心全意地修持許多煙供和使用除邪水來清除障礙的儀軌，以及升起風馬旗；其他人則前去勘察道路。

開闢環繞聖山的路徑

隔天，在太陽露出第一道曙光之後，我們離開拉隆平原。大約兩個小時之後，當我們已經能夠感覺到太陽的熱度時，我們抵達聖山的山腳。當地居民稱這座聖山為「耶宗」，它燦爛奪目，形狀類似一個供養食子，它的山巔陡峭嶙峋，山坡覆滿森林直到山腰處，山麓下平原環繞。

在通往聖山山腳的小河谷的遠端，是一片被高山環繞、長滿青草的台地。當我們抵達那個地方，便對群山和當地神祇舉行煙供清淨和除邪儀軌。每個人都在聖山前的廣大平原上紮營，許多人漸漸地聚集在此。接近中午時分，半個平原上擠滿了帳棚、人和馬匹。到了傍晚，這片廣大的平原上已經到處是帳棚、人和馬匹。

我帶領二十多個來自當地的比丘和在家眾前往那塊白色的岩石，試圖在聖山南側開出一條路徑。由於森林非常濃密，沿途並無可供前進的道路，因此當我們傍晚返回營地時，還沒有開出一半的道路。在第八天剛剛破曉之後，我帶著大約三十人離開營地，開闢通往山巔南側洞穴的路徑。

大約有十團來自不同地方的比丘和在家眾，分別在山麓、山腰和靠近山巔等不同的海拔高度，開闢出三條環繞聖山的路徑。在同一天，秋吉·旺楚連同那個地區的喇嘛和最年長的祖古等大約三十人，一起對屬於《持明總集》（*Rigdzin Düpa*）⑥這部教法的護法修持一個長軌的薈供和儀軌。

在第九天的頭幾個小時，我們成功地完成通往洞穴的路徑開闢工作，數百位比丘和在家眾開始在三個不同海拔高度的路徑上繞著聖山行走。在下午，我們打理洞穴裡裡外外和緊鄰洞穴周圍的空間，來容納秋吉·旺楚及其眷眾。那一天，來自各地的人們在山左右兩側的平地塞滿了帳棚和馬匹，直到沒有空間可以立足為止。

開啟耶宗伏藏

比丘、在家眾和居住在那個地區的老老少少，大批大批地湧來會見秋吉·旺楚，因此在晚間之前，他無法從事任何種類的修法。最後，秋吉·旺楚在傍晚跟來自那個地區的所有喇嘛和轉世聚集在一起，盡可能地修持薈供和《三根本儀軌》、《蓮師願望迅速成就頌》的供養儀軌。從各地前來聚集於此的人們和當地的居民全都集合在草原上，一起

⑥《持明總集》（*Rigdzin Düpa*）是《龍欽心髓》教法的一部分。參見第五章注⑧。

持誦〈蓮師七句祈請文〉（藏Guru Tsigdün）⑦和「蓮師心咒」：「嗡・啊・吽・班雜・咕嚕・貝瑪・悉地・吽（Om a hum vajra guru padma siddhi hum）⑧。

在陰曆初十的黎明，秋吉・旺楚出發前往位於聖地耶宗山頂的洞穴，並且毫無障礙地抵達。在日升之際，秋吉・旺楚及其弟子為薈供準備豐盛的供品，念誦《三根本儀軌》的「事部」法本。

在圓滿持咒之際，秋吉・旺楚站起身來，走向洞穴入口。他轉過身，對著聚集在那裡的大批比丘和在家眾說：「用全然專注的心來祈請。」自己則是帶頭吟唱《蓮師願望迅速成就頌》甜美動聽的旋律。所有人和他一起同聲吟唱，重複祈請三次。最後，他要求人們給他一把尖鋤，然後轉向群眾說：「熱切地向蓮師祈請，並且用全然專注的心吟誦『金剛上師咒』（Vajra Guru mantra，即『蓮師心咒』），切勿讓你的心陷入疑慮之中。」

接著，秋吉・旺楚用右手執起尖鋤，舉在心臟的高度，然後閉目、放鬆地安住在那裡大約五分鐘。接著，在毫無預警的情況下，他用尖鋤猛力地敲擊洞穴上部，尖鋤在它敲擊之處留下清晰的痕跡。秋吉・旺楚轉向他的弟子卡桑・慈仁（Kalsang Tsering）說：「因為你被稱為『幸運長壽』（Long Life of Fortune，他姓名的意義），所以請爬上岩石來挖掘。」十個年輕男子立即砍下一棵松樹，在樹幹上刻下凹口充當台階，然後把它搬到岩石底部作為梯子。

卡桑．慈仁攀登上樹幹，直到他到達岩壁為止。他在相對應於尖鋤留下痕跡的位置挖鑿十多分鐘之後，類似經過細碾的青稞粉的白沙開始傾瀉而出。我看見一些人急忙跳起來，爭先恐後、你推我擠地收集落在岩石底部地面的沙子。

在那些在場的人士當中，大部分的人都專注地凝視著掘取伏藏的地點，吟誦「金剛上師咒」，他們念誦咒語所發出的呢喃聲似乎充滿整個山谷。大約在三分鐘之後，突然之間，在挖鑿的地點，明亮燦爛的陽光照耀我們所有人的眼睛——陽光照耀在封藏伏藏的橢圓形容器（藏 terdrom），散放出如太陽般熾烈輝煌的光芒。所有那些在場人士都充滿信心和喜悅，並且都因為情緒激昂而毛髮直豎。卡桑．慈仁轉過來對秋吉．旺楚說：「盛裝伏藏的容器在這裡，我該不該用手把它取出來？」秋吉．旺楚說：「你們一些人在岩石下鋪一塊布，你用尖鋤把容器弄到布上。」他們依言照辦。

秋吉．旺楚把這個法物放在頭頂上，並且念誦一長篇祈請文。在接下來的半個多小時，他持續念誦祈請文，把法物放在聚集在那裡的所有弟子和人們的頭上，加持我們所有的人。他小心仔細地檢視那個容器，有鶴蛋的大小和形狀，燦爛的色彩散放出光芒和

---

⑦〈蓮師七句祈請文〉（藏 Guru Tsigdün）是著名的蓮師七句祈請文。

⑧「蓮師心咒」是蓮師最廣為人知的咒語。

金黃色的反光。我們看見一連串不間斷的種子字清晰地顯現在它光滑的表面上，看起來像是由各種珍貴的物質所製成。

在陰曆十五日之前，我們一直停留在那片高原上。每一天，有許多人繞行聖地，修持供養儀軌來清淨業障，積聚功德。

耶宗伏藏的消失

連續三個早晨，大慈大悲的秋吉・旺楚公開傳授寂靜忿怒尊的灌頂，以及《三根本自解脫》（藏 *Tsasum Dugngal Rangdrol*；*Self-Liberation from Suffering through the Three Roots*）⑨的灌頂。在陰曆十五日，整座山谷瀰漫煙供之煙，整座聖山覆滿風馬旗。來自不同地區的團體進行賽馬，傍晚舉行歌舞慶典。

我個人即是如此協助伏藏持有者（秋吉・旺楚）進行這不可思議的尋找過程，因此之故，我對從中取得所有甚深的教法懷抱極大的希望。秋吉・旺楚把封藏在容器內的伏藏帶到他的駐錫地，放置在一個方形的寶箱之中。幾乎在一個月之後的某一天，人們發現寶箱和包裹伏藏用的絲綢裡空無一物。

秋吉・旺楚說：

我們活在一個充滿巨變的時代。在像這樣的時代當中，這個教法不可能真的有所發展，所以護法已經取回伏藏。如果我們仔細地思量已經發生的事情，毫無疑問地，一個極為難以逆轉、充滿重大災難的時代即將降臨在我們身上。因此之故，盡可能地專心致力地投入於修行的精要。不論如何，如果我們成功地修復成就者極為重視的安嚴・贍巴殿⑩，那麼在面對當前的障礙時，這個工作可能會帶來利益。

在上師和弟子等所有人返回噶林騰寺之後，秋吉・旺楚前往賈沃進行閉關，而我則返回萬陀佛學院。

⑨《三根本自解脫》（藏 *Tsasum Dugngal Rangdrol*；*Self-Liberation from Suffering through the Three Roots*）是秋吉・旺楚的伏藏。

⑩參見第十章注④。

第14章

禿鷹的金剛橛

禿鷹群大啖馬屍

在水龍年的春天（一九五二年），秋吉．旺楚從賈沃的山間隱居所回到噶林騰寺，開始修復大殿。由於工作繁重，他派人要我前去幫忙。我立即離開色炯佛學院（Serjong college）①，加入他的行列。每天大約有一百人，包括比丘和在家眾，一起從事興建的工作，秋吉．旺楚會到大殿給予必要的指示。

一天，其中有個人的馬匹死在與寺院接壤的河畔。數百隻禿鷹俯衝下來，狼吞虎嚥地吞噬馬屍。在所有這些禿鷹當中，只有一隻褐色巨大禿鷹與眾不同，並未加入大啖馬屍的行列。其他的禿鷹在把馬肉吃個精光後就飛走了，只有那隻大禿鷹安靜地留在那裡，一直到傍晚都文風不動。

接著，秋吉．旺楚叫喚一名年輕比丘烏金．策佩（Orgyen Tsephel）和一名年輕侍者噶旺．札西（Ngawang Tashi）前來。當他們來到他的面前時，秋吉．旺楚說：「到河的邊緣，小心地把那隻禿鷹舉起來，並且把牠帶到這裡。」

「好的。」那兩個人回答。他們邊走邊竊笑耳語：「但是我怎麼能夠捕捉像那樣的禿鷹，並把牠帶到他面前？」

身插金剛橛的禿鷹

當他們兩人靠近時，那隻禿鷹仍然靜止不動，毫無要移動的跡象。他們仔細地觀察那隻禿鷹，看見一個約手掌長的鐵製金剛橛（藏phurba；梵kila）②插在牠的背上。「這隻禿鷹受傷了！」烏金．策佩說，然後緊緊地握住金剛橛，試圖把它拔出來，結果只是把禿鷹

①參見第二章注㉓。

②金剛橛（藏phurba；梵kila）又稱「普巴」，是密宗廣泛使用的法器。它的劍身是由三片三角形的劍面製成，這三個劍面在頂端交會。它可以用各種質材製成，例如金屬、木頭或水晶。

從地面提起。他一再地嘗試，但是每次都只能把禿鷹提起來，卻無法將金剛橛從牠的身體裡拔出來。

噶旺．札西驚叫：「這隻禿鷹馴服的程度，以及金剛橛留在牠背上的樣子，真是令人吃驚。我們必須遵照仁波切的指示，立即把牠帶回去。」他們兩人合力把禿鷹從地面舉起來，然後抬到大殿門前。在那裡工作的當地人都聚集了起來，注視著這隻禿鷹。有些人問：「牠不是受傷了嗎？」他們愈來愈感到好奇。

領受金剛橛的加持

秋吉．旺楚抵達大殿，對比丘們說：「你們一些人帶著禿鷹到寺院中庭，讓牠在那裡過夜。」幾個比丘彼此幫忙，遵照秋吉．旺楚的指示，帶著禿鷹到寺院中庭，把牠留在那裡，關上大門。隔天日出時，秋吉．旺楚說：「替我拿一碗母犛牛的奶（dri milk）來給禿鷹。」我們把奶帶來給秋吉．旺楚，他前往寺院的中庭，把奶呈給那隻褐色的禿鷹。牠一飲而盡，然後在牠站立的木製平台上迅速地上下拍打翅膀三次。在禿鷹第三次嘗試飛行時，超過九英寸長的金剛橛落在木製平台上，發出響亮的鏗鏘聲，禿鷹立即飛離。秋吉．旺楚隨即詢問禿鷹飛往哪個方向，有些人說看見牠飛往雀兒山（Ziltrom）③。

秋吉．旺楚給我們看那個金剛橛，並且用它碰觸我的頭和每個在場者的頭，賜予我們加持，我們全都大感驚奇。從此後數個月，無數來自東藏北部和南部地區的人蜂擁而至，都想一窺金剛橛，領受它的加持。

③雀兒山（Ziltrom）是位於噶林騰寺和佐千寺之間的一座山，位於德格之北，被視為一個重要的當地神祇。

第15章

淨觀的重要性

對秋吉．羅卓的淨觀

在那段期間，我有機會和上師秋吉．旺楚私下對談數天。有一天，當話題轉移到欽哲．旺波的轉世秋吉．羅卓仁波切時，一些派系的閒言閒語從我口中溜了出來。事實上，我從行政官噶札、各個親戚、秋吉．旺楚的父親處聽到，來自噶陀寺的欽哲轉世秋吉．羅卓已經奪取我舅舅的駐錫地。由於我相信這個傳聞，因而推測轉世喇嘛秋吉．羅卓也是個華而不實的人，表面上看來是位大師，其實只是一個貪求喇嘛地位可以帶來財富的人。我以為他侵占了秋吉．旺楚的駐錫地，甚至沒有公平地加以補償，因此我對他生起憎恨。

【圖19】蔣揚・欽哲・秋吉・羅卓（攝影者不詳。圖片為法王南開・諾布所有）

但是舅舅對我說：

「秋吉・羅卓是位大慈大悲的喇嘛。在他和我——上師和弟子——之間並無違犯三昧耶。一些渴望頭銜、權力和財富的人，受到惡魔賈貢・唐希（gyalgong tamsi）負面勢力的影響，忽視金剛三昧耶，製造衝突，而引起違犯三昧耶之後所生起的惡魔勢力。①」

「即使一些假裝崇敬秋吉・羅卓仁波切的人說我的壞話，但是他怎麼會相信他們愚蠢無知的饒舌閒談呢？其他人因為一己自我本位的利己目標，斷言我們兩人已違犯了彼此間的三昧耶，並散播謊言，一旦傳到人們的耳裡，就會在許多比丘和在家眾心中生起疑慮。」

「秋吉·羅卓是欽哲·旺波的真實轉世，身為『普賢·金剛持』（Kuntuzangpo Dorje Chang）②，他安住在超越二元分立念頭限制的狀態中。從我的觀點來看，我對寺院和駐錫地沒有任何執著，甚至連一粒芥子般大小的執著都沒有。我從未對上師秋吉·羅卓有錯誤的想法，連一剎那都沒有。如果我不小心，心思散亂地讓一點點愚蠢、不尊敬的閒言閒語從我嘴巴中溜出來，我總是在『上師相應法』（guruyoga）③中懺悔。」

「秋吉·羅卓從未渴望財富、權勢和名聲，而這些一直是我們兩位行政官之間爭吵的來源。就我而言，我也一向對這種事情感到嫌惡。這些輪迴的行為，絕對不是秋吉·羅卓這位上師（文殊師利的化身）的行止。因此，你必須確確實實地認清，這些衝突和爭執其來有自。佛法的本質並非爭吵不和，去了知爭執的意義，去和教法結緣，並要對上師持有淨觀。儘管如此，讓自己陷入敵意之網，是無明的一個徵兆。」

「如同蓮花出淤泥而不染，如秋吉·羅卓和我（上師和弟子）怎麼會受到卑鄙的敵意對立的影響？當秋吉·羅卓連續在幾個場合仁慈地傳授《大寶伏藏》（*Rinchen Terdzö*）④時，我寄送許多信函，請求他授予口傳，但是我從未得到回音。有很長一段時間，我繼續寫信，表達自己想要再次見他的願望，但是我的信函如同射入密林的箭那般去向不明，受我委託與他談話的人都因為無法見到他無功而返。不論如何，在離於二元分立之陷阱的上師、弟子的明光心狀態之中，雙運和分立怎麼能夠同時存在？」

「你也應該努力去了解事物的如實面貌。切勿相信永無止境、愚蠢空虛的閒談，要敬重文殊師利化身的上師。」

然而，我認為，秋吉．旺楚極為善巧地展現的清淨觀點有一點造作，因此我仍然心存疑慮許多天。

---

①參見第六章注①、注③。

②藏語「Kuntuzangpo」（梵Samantabhadra）可被譯為「普賢」，他被描繪為一個呈天藍色、赤裸、採取禪坐姿勢的佛，他象徵法身（梵dharmakāya）。在大圓滿的傳統裡，他被視為本初佛。藏語「Dorje Chang」（梵Vajradhāra）可被譯為「金剛持」（Holder of the Vajra）。在普及於藏傳佛教新譯派內的無上密續傳統之中，金剛持是法身和本初佛的代表。在繪畫中，他飾有各種莊嚴，採取禪坐的姿勢，雙手交叉在胸前，手執金剛杵和鈴。秋吉．旺楚用「普賢」和「金剛持」兩個名號來稱呼秋吉．羅卓，表示秋吉．旺楚可能把秋吉．羅卓視為舊譯派和新譯派教法的持有者，因此秋吉．羅卓也是大圓滿自解脫道（藏rangdrol）和無上密續轉化道的智慧持有者。

③「上師相應法」（guruyoga）是與上師之狀態相應的修行法門。

④《大寶伏藏》（*Rinchen Terdzö*）是蔣貢．康楚的「五寶藏」（Dzö Nga）之一。在《大寶伏藏》之中，蔣貢．康楚放入了與伏藏傳統有關的大部分文獻。現存的《大寶伏藏》有兩個版本，一個是八蚌寺（Palpung monastery）比較老舊的版本，總共六十卷；一個是楚布寺（Tshurpu monastery）比較新近的版本，總共六十三卷。

囑咐南開・諾布向秋吉・羅卓請法

有一天，當我和秋吉・旺楚一起喝早茶時，他面帶笑容地對我說：「我聽說大約在一個星期之內，秋吉・羅卓將在宗薩寺傳授所有甚深薩迦派教法的心要——《道果法》。你要把自己準備好去見這位身為文殊師利化身的上師。請他傳授《道果法》，以及任何其他你能夠取得的教法。」

我不想去向秋吉・羅卓請法，於是我回答：「我寧願去佐千寺的師利桑佛學院（Shriseng college）⑥學習。」

秋吉・旺楚假裝生氣地說：「你不只是我的外甥，你也是我的弟子，難道你不把上師囑咐你做的事情當做一回事嗎？」我無言以對，同意去做他要求我做的事情。我迅速地做好離開的準備，前往宗薩寺。

當我抵達那座宏偉的寺院所在地時，我得知在前來領受《道果法》的主要弟子當中，包括竇思（Dosib）堪布圖登・嘉岑（Thubten Gyaltsen, 1902-1971）⑦和德格・貢千寺的「嘉岑喇嘛」（Gyaltsen Lama）⑧秋札・嘉措（Chödrag Gyamtso）。從童年時期以來，我一直和堪布圖登・嘉岑有非常良好的關係；而秋札・嘉措是我的伯叔之一，我和他之間的關係也非常密切。我立刻去找他們，並且同意隔天一起去見秋吉・羅卓。

我毫無困難地見到這位文殊師利化身的上師，並把上有秋吉・旺楚封印的信件遞交給他。他懷著極大的喜悅接受我為他的弟子，並且准許我加入其他的學生行列之中。⑨那時，我清楚肯定地了解，我之前的負面想法是錯誤的。我心中生起一種無可比擬的信心，並從那時起，我深深相信，即使兩位身為文殊師利化身的上師顯現為不同的兩個個人，但是他們的本質卻是無二無別的。

---

⑥師利桑佛學院（Shriseng college）即是佐千寺的師利星哈佛學院（Śrī Siṃha Shedra），由賈瑟．賢遍．泰耶（Gyalse Zhenphen Thaye, 1800~?）大約在一八四二年所創建。

⑦竇思（Dosib）堪布圖登．嘉岑（Thubten Gyaltsen, 1902-1971）是欽慈．秋吉．歐澤和堪布蔣賈等人的弟子，他在宗薩寺擔任堪布八年。他來自屬於哦傳統的薩迦巴寺院竇思寺（Dosib monastery）。

⑧「嘉岑喇嘛」（Gyaltsen Lama），意指「勝幢喇嘛」（Lama of Victorious Banner）。在德格．貢千寺，這是給予一個重要的寺院人物的頭銜。在這個比丘制度當中，其他的職位是夏爾喇嘛（Shar Lama，東方的喇嘛）、努喇嘛（Nub Lama，西方的喇嘛）和雅涅堪布（Yarne Khenpo，夏安居住持）。參見大衛．傑克森所著的《在西雅圖的聖哲：西藏神祕的德中仁波切之生平》注（225），其中提及法王南開．諾布的一個伯叔秋札．嘉措（Chödrag Gyamtso），在本書敘述的事件發生的時期，他是「嘉岑喇嘛」這個頭銜的持有者。

⑨法王南開．諾布曾經在各種不同的場合提及，在開始傳授《道果法》之後的幾天，發生流行性感冒，他和許多其他參與傳法的在場人士都染上感冒，包括秋吉．羅卓在內。當時提供法王南開．諾布住宿地點的一位宗薩寺比丘，向當地一個著名的醫師求助，該醫師很快地準備藥物。在服用這些藥物之後，法王南開．諾布感受到如撕裂般的疼痛，健康急速惡化。那位提供住宿的比丘趕緊向秋吉．羅卓求教。秋吉．羅卓卜卦，並從卦象來看，法王南開．諾布性命垂危。他給那位比丘三十個中國銀元去安排一個長壽法會，建議他不要再去看同一個醫師，並且給他另一個醫師的地址。那個醫師檢查之後，診斷法王南開．諾布被下了劇毒。他在死亡邊緣遊走三天，最後被秋吉．羅卓指派的醫師救活。

那些沒有這種了解的人生起永無止境的派系主義、執著和憎恨，在他們自己的迷惑當中，也把其他人帶上相同的道路。他們認為，兩位偉大的菩薩也受到凡夫負面情緒的支配，因而假設兩個大師之間的衝突激烈，並且違犯三昧耶。這些對兩位神聖的大師所產生的謬誤想法挾帶著貪婪、仇恨、嫉妒和黨派偏見，騷擾他們自己的心，而且也用相同的方式來擾動他人的心。他們彷彿失明一般，無法看見自己眼前的事物，且散播無用而愚蠢的言語。這樣的人只會牴觸教法的意義，甚至連那些具有凡俗之見的一般人都會引以為恥。明智之人一定要注意，切勿冒著積聚惡業、過失和障礙的風險。

第16章

非比尋常的夢境

《拉隆．桑達》伏藏授記與夢中的紙卷軸

在水蛇年的陰曆三月（一九五三年四月），秋吉．旺楚應一些弟子之請，在賈沃隱居所傳授《雅希心髓》的教法，我也參與其中。在白天，我領受心髓教法，傍晚則在曾經是聚會場所的洞穴內修行和睡覺。

參加傳法的人數大約有三十人。在所傳之法不能有超過二十五個人參與時，弟子們分成大約十五人一組，每組參加早晨或下午的傳法。每天早晨，所有的弟子都在舉行傳法的洞穴裡集合，在傍晚時分，就會回到山坡上的森林裡過夜。

一天，上師秋吉．旺楚給予我們空行母多傑．帕嫫（Dorje Phagmo）①的灌頂，並且解釋這個修行法門。在隔天黎明，我做了一個非比尋常的夢。夢中我在那個曾經是會堂的洞穴修行，突然之間，一個大約八歲、身穿絲絲衣的美麗小女孩走向我。她面帶笑容地走向我，遞給我一個一指長的紙卷軸，然後說：「我被派遣來，把這些祕密心要教導交託給你。」我收下紙卷軸，在我要問是誰派遣她來的同一個剎那，她瞬間消失無蹤。在驚愕一下之後，我趕緊展開大約一指長、兩指寬的黃色紙張，凝視著它。紙張上用紅色的墨汁寫著類似藏文的「a」（阿）、「hu」（呼）、「ma」（瑪）三個字母。我把紙張再度捲起來，把它緊緊地握在右手裡，心裡想著要把它交給仁波切。在那個剎那，我從夢中醒來。

我立刻記得那個夢，並同時覺察到右手裡確實有個在夢中緊握的紙卷軸。在仔細觀看之後，我極為驚奇地證實那個卷軸真的在我手裡。我擔心自己可能會把它弄丟，所以我沒有睡回籠覺。在大約半個小時後，黎明到來，我從草褥上起身，開始修行，右手仍然緊握著紙軸。當光線終於亮到可以閱讀時，我走到洞口，慢慢地展開紙卷，它的內容和我在夢中讀到的一模一樣。

我走到秋吉．旺楚的門前，去敲他的門。「什麼事？」他在房間裡問我。「我有一件非常重要的東西。」我回答。秋吉．旺楚通常做他的晨座修法大約到八點左右，在八點之前不去見他是個慣例，因此，我認為他一定有點擔憂。「進來！」他說。我回應他的邀請，走到他面前，遞上那個紙卷。在他詢問我整個故事的細節之後，他給我看一個有著《拉隆．桑達》伏藏授記清單（藏gterbyang）的冊子，並說：「由於這些字母包含在這個授記清單之中，因此表示它們是金剛手部的教法。」

我完全了解那個紙卷屬於身為文殊師利化身的上師，並且恭敬地把它供養給秋吉．旺楚。我也請求他解讀這象徵性的教法。之後在火猴年（一九五六年），秋吉．旺楚信守承諾，授予我祕密主（金剛手）的灌頂、論釋和完整的法本。

為瘋狂者驅除邪靈

在同一段期間的某一天，三個年輕男子陪伴另一個年輕人前來。這個年輕人來自曼崖（Menyag）②，在數個月前被一隻罹患狂犬病的狗咬傷而變得瘋狂。他只能以四肢著地移動，有時會像狗般嚎叫，有時還會跳起來，其他時候則會在地上爬滾。其他三個年輕

---

①空行母多傑．帕嫫（梵Vajravārāhi，金剛亥母）是藏傳佛教最廣為人知的女性智慧尊之一，以頭頂上有個母豬頭為代表。

②曼崖（Menyag）是東藏的一個地區，位於茹龍（Nyarong，即今四川省甘孜州新龍縣）和理塘（Li-thang）之東、嘉絨（Gyalrong）之南。在歷史上，曼崖曾經是一個獨立的西藏王國。

人緊緊地把他捉住，帶到仁波切面前。仁波切說：「把繩索解開。」三個年輕人驚恐顫抖地把繩子解開，用力捉住他。那個瘋狂的年輕人對我們每個人翻紅眼，有幾分鐘的時間保持平靜，沒有激動或焦躁的現象。

秋吉．旺楚用兩手握住他修日課的法本和念珠，把它們放在那個病人的頭上，念誦祈願文來加持他，以及四「吽」（hum）③咒語來驅除邪靈。那個瘋狂的年輕人火冒三丈，開始狂暴激烈地跳來跳去，使得三個年輕人必須費盡九牛二虎之力來壓制他。秋吉．旺楚站起身來，使勁地用法本擊打那個年輕人。隨著上師秋吉．旺楚的擊打，那個發狂的年輕人逐漸地衰弱下來，變得更加平靜。

在受到多次擊打之後，那個年輕人文風不動一小段時間，然後開始大哭。在此之後，秋吉．旺楚修持長壽儀軌，賜予加持。那天傍晚，人們陪伴那個年輕人到山腳下，隔天他恢復了神志。經過一個星期的休養之後，他便完全康復了。

---

③「Sumbhani」是一個有四個「吽」（hum）的咒語，具有遣散負面事物的功能。在許多與各種密續修行有關的儀軌裡，都可以看到這個咒語。

第17章

拓登·強田圓寂

拓登·強田病危

在木馬年四月（一九五四年六月），我的舅舅暨上師在位於拉隆高原左側的塔秋·尼瑪·隆（Trachö Nyima Lung）休養和閉關。我前去加入他。在我到達那裡半天之後，拓登·強田（強巴·天達）的兩個弟子神情凝重地前來。事實上，拓登已經病危，而且大約已有一個月的時間，眾多比丘和在家眾急忙前往他的住所，修持了許多儀軌，但是仍然不見起色。

拓登自己已經向他們表示：「如果我的死期已到，在我死之前，我希望邀請尊主欽哲來到這裡。」

我舅舅說：「我們將立刻去看他。」

我們毫不延遲地返回噶林騰寺，然後包括秋吉．旺楚在內的五個人開始為前往拓登的住所作好準備。我們在隔天清晨離開寺院，在馬尼干戈（Manikango）①稍事停留後，於同一天傍晚、即將天黑之際抵達達科（Dzakhog）②——拓登．強田的住所。我舅舅直接前往拓登身側，詢問他的健康狀況，並且和他討論非常特定的課題直到午夜。在秋吉．旺楚抵達之前，拓登．強田一直非常平靜，彷彿睡著一般，而且連續幾天沒說過一句話。在秋吉．旺楚抵達時，他開始生氣勃勃地懷著極大的喜悅和秋吉．旺楚進行長時間的談話，讓人覺得他的健康已經好轉。

給予拓登．強田教法與灌頂

從那時起，在每天早上秋吉．旺楚私下去看拓登的一個小時期間，拓登會問他許多問題，並且請求秋吉．旺楚給予許多心要教導。在那些日子裡，我的舅舅上師為了滿足拓登．強田的願望，授予他敏珠林傳承的金剛薩埵灌頂，我也領受此法。在那時，我舅舅針對任顯之基的本然狀態（藏 zhirig jencher seldepa；the naked state of the instant presence of the base）③作了不可思議的闡釋，然而，我卻無法在任何法本中找到此一論釋。

隔天，秋吉．旺楚閱讀一本拓登的私人藏書，給予無上瑜伽密續「檀香林度母」（藏

Sengding Nagdrol）④教法的灌頂、引介和甚深的教導。之後，我去尋找自己和拓登一起領受的那個教法的法本，但是都一無所獲。我心想，或許那個法本屬於秋吉．旺楚自己的伏藏，可能因為這個教法在那時會發揮更大的功效，所以秋吉．旺楚要拓登在死前聽聞這個教法。

五天之後的一個早晨，秋吉．旺楚事先知會拓登他有打道回府的計畫。對此，拓登未置一詞。同一天，為了圓滿拓登的願望，秋吉．旺楚舉行一個《持明總集》的長軌薈供。

①馬尼干戈（Manikango）大約位於德格東北方六十英里處，在前往甘孜（Kangtse）的路上。

②達科（Dzakhog）是東藏的一個地區，位於石渠（Sershul）東北方，雅礱江（Yalung River）的東岸。

③任顯之基的本然狀態（藏zhirig jencher seldepa；the naked state of the instant presence of the base）——大圓滿修道的心要，上師對弟子直接指出心的真實狀態，超越二元分立的任顯狀態。「基」（base）是指個人的真實自性，大圓滿教法把它解釋為「本初清淨」（primordial purity）和「任運自圓滿」（spontaneous self-perfection）之無別。參見第十九章注②。

④檀香林度母（藏Sengding Nagdrol；Tara of the Sandalwood Forest），在會話之中，這個詞彙常常發音為「nagdrön」，可譯為「森林之光或燈」。

拓登・強田以度母坐姿圓寂

隔天，我們備好馬鞍，幾乎準備好要去向拓登道別時，拓登的一個弟子昆桑・囊卓（Kunsang Namdrol）前來對我們說：「拓登似乎已經去世了。」我們問他發生了什麼事，他說：「今天早晨，當我送茶給他時，拓登對我說：『今天欽哲仁波切（秋吉・旺楚）要回家。替我把我的度母像拿來，我想要把它供養給仁波切。另外，也請你在盛裝舍利的小箱子裡，找一條用紙張包裹、天藍色的中國尼嫫・德列絲巾，並且替我把它準備好。邀請仁慈的上師嘿卡・林巴（秋吉・旺楚）到我這裡來，然後在佛壇前適當地安置好供品、焚香、油燈和其他必要的物品。』」

「在我遵照上師的指示，作好這些準備之後，我去做用糌粑（tsampa）⑤煮成的湯。在那時，我重複幾次聽到『phat』（呸）⑥的聲響。我迅速跑到上師跟前，看見他直挺挺地坐在床上。他似乎在禪修之中，但幾乎可以肯定的是，他已經去世了。」

秋吉・旺楚和我們幾個人立刻去看拓登。看著他的模樣，我們會認為他挺身而坐、平靜地睡著了。秋吉・旺楚留在拓登跟前一個小時以上，而我們則卸下馬匹和騾子身上的鞍，準備停留一段時間。當仔細觀察死去的拓登時，我們看見他的軀幹仍然直立，面帶笑容，手和手臂結度母印，讓人覺得他真的仍然活著。

那一天，我們和拓登的弟子們一起為亡者修持「金剛薩埵除障法」（藏 changchog）⑦，第二天修持「觀世音除障法」，第三天修持「度母除障法」。最後一天傍晚，拓登的頭往左傾斜，幾滴血從他的鼻孔流出來。秋吉．旺楚仁波切說：「拓登已經離開禪修的狀態⑧。用除邪水清洗遺體，準備葬禮。」

當我們用除邪水清洗拓登的遺體時，我們看見在床單底下，他的雙腿採取度母特有的坐姿。秋吉．旺楚說：「當你們把金剛持（梵 Vajradhara）的嚴飾⑨放在拓登的遺體上時，讓他保持現在的度母坐姿。」事實上，不論我們如何移動他的手臂和雙腿，都無須把它們放回原來的姿勢，因為它們自動會回到特有的度母印。

當替遺體更衣、作好準備之後，我們把許多供品放在它前面。雖然我覺得拓登已經死亡一個星期以上，但是他的遺體仍然散放出焚香的芳香，毫無任何屍體腐爛的氣味。連續四天，達科地區信徒如聚集在天空的雲朵般前來禮敬法體，並祈請和誓願行善。

⑤糌粑（tsampa）是烘烤過的青稞粉，是西藏人的基本營養食品。

⑥「phat」（呸）是廣為流傳的咒語，尤其在死亡的剎那，作為遷識之用。

⑦「金剛薩埵除障法」（藏 changchog）是為亡者所舉行的除障法會，通常在死後修持四十九天。這種法會有不同的形式，與五方佛之一有關。

⑧此禪修的狀態即稱為「圖當」（藏 thugdam）。參見第十二章注⑳。

⑨在葬禮之前，金剛持的嚴飾放置在偉大喇嘛的法體上，主要包括一頂代表五方佛的五方冠，以及分別放置在左、右手的鈴和杵。

在這些事件發生之前的火豬年（一九四七年），拓登．強田曾經向成就主昆噶．帕登和我舅舅請求許多甚深的教導。那時，秋吉．旺楚請求拓登傳授各種度母教法，而我也有機會和仁波切一起領受。然而，我並不確切地記得是哪些教法。當我看見拓登在死亡時所展現的徵象時，我了解到那些教法的重要性。因此，我詢問秋吉．旺楚我們究竟領受的是什麼教法，他向我解釋那是部與拓登．強田的一個淨觀有關的教法。

在拓登死後第一個星期後，我們火化遺體，修持觀音儀軌。那一天，燦爛光輝、彩虹色的雲團聚集在清朗的天空中。在火化的骨灰中，我們找到數量多到足以盛滿一個杯子、明亮燦爛的五色舍利。我們把這些舍利分給信眾，作為崇敬的對境，我也分到了幾顆舍利。

恰果．圖登的邀訪

那時，我舅舅收到來自拉里宮（Lhari Phodrang，拉里頗章）⑩的恰果．圖登——喇嘛欽哲。他們談話談了一個早上，並且共進午餐。下午，恰果．策南（Chagö Tsenam）⑪抵達，和我舅舅相處數個小時，討論一些我至今不明白的主題。

那天，我和拓登．烏金．丹增（Togden Ugyen Tendzin，以下略稱「拓登」）⑫一起談論不同的課題。我詢問他關於「幻輪瑜伽」（yantra yoga；藏 trulkhor）⑬的問題，並且獲得非常清晰的解釋。那時，拓登對我說：「願我慈愛的忠告說服你永遠不要為了獲得名聲和財富而出售教法，也永遠不要成為自滿之惡魔的獵物。」

⑩恰果・圖登的住所拉里宮（Lhari Phodrang）位於一座美麗的山谷內，其主要的居民都是牧民。這個山谷屬於玉隆鄉（Yidlhung），大約在馬尼干戈以東十二英里處。那時，本書作者的叔伯拓登・烏金・丹增（Togden Ugyen Tendzin，參見本章注⑫也住在恰果・圖登的宮殿裡。「拉里・蒼」（Lhari Tsang）或「拉盧・蒼」（Lharu Tsang）是傳統上統治那個地區之家族的姓氏。一九三三年，恰果・圖登與當地首長的女兒索南・恰措（Sönam Chatsö）結婚。恰果・蒼家族因此移居此地。事實上，兩個家族也因此結合為一。在當地族長去世之後，由於他的獨子堅佐（Gemdzo）也在不久之前因為落馬意外而身亡，因此恰果・圖登成為玉隆・拉里（Yilhung Lhari）的首長，他突然之間發現自己統理一千多個家族。繼此之後，藉由與東藏最有權勢家族聯姻的嫻熟策略，恰果・圖登在那個地區取得日益重要的權力地位。

　法王南開・諾布說：「『嘉洛』（Gyal Lo）是蒼巴・竹千（Tsangpa Drubchen）給予恰果・圖登的名號。在康區的方言中，這個名號表示一個人具有國王的特質，可以取代一個國王。『Lo』（洛）表示『可取代』（can substitute）。」

⑪恰果・策南（Chagö Tsenam）是恰果・圖登的兄弟。參見bSam gtan所著的《*Bya rgod stobs ldan skyes*》，頁31。參見〈導言〉注（36）。

⑫拓登・烏金・丹增（Togden Ugyen Tendzin，以下略稱「拓登」）是本書作者的叔伯，也是阿宗・竹巴的弟子。作者從拓登處領受了「幻輪瑜伽」（yantra yoga）的教法。在他死亡時，展現了虹光身（rainbow body，藏ja lus）。法王南開・諾布曾經撰寫拓登的傳記，題名為《*Drub rje rtogs ldan u rgyan bstan 'dzin gyi rnam thar nyung bsdus dam pa'i zhal lung zhes bya ba bzhugs*》，譯為《虹光身》（*Rainbow Body*）。

⑬「幻輪瑜伽」（yantra yoga；藏trulkhor）與無上瑜伽密續的系統有關，其目標是透過動作、呼吸和特定的禪定來控制人的能量。

【圖20】拉里宮（Lhari Phodrang）的遺址，恰果．圖登在玉隆（Yilhung）的住所。（攝影：Andrea Dell'Angelo）

向拓登．烏金．丹增求授灌頂

當天傍晚，我對秋吉．旺楚談論和拓登相處的結果。我舅舅回答：「去問成就主，是否可以傳授我們阿宗．竹巴的『忿怒金剛』（Guru Dorje Trolö）⑭灌頂。」我立刻去見拓登且提出請求。他說，如果我可以準備好所有必要的供品和食子，他會在隔天早上傳授灌頂。那天傍晚，拓登的弟子兼助手隆拓（Lungtog）抵達。我依照拓登所給的筆記，請隆拓準備灌頂所需的食子和必要物品。

隔天破曉之際，我們把所

有的供品帶到拓登面前。隆拓協助儀軌的進行，我準備所需的法本。在灌頂之後，拓登充滿喜悅地說：「如果我有像你們兩個這樣的助手，連我這個老人都可以傳授繁複的灌頂和所有的教導。」秋吉·旺楚、拓登和我留下來共進午餐。在此之後，秋吉·旺楚和拓登兩人繼續談論修行的覺受和證量（藏 nyam dang togpa），直到晚餐時分。

後來，當我請拓登傳授關於「毘盧遮那瑜伽」（the yoga of Vairocana）⑮法門的論釋時，他回答：「等你有時間留在這裡三個星期，我會向你解釋如何修持祕密教導。」隔天清晨，我們離開拉里噶，並在夜幕即將降臨之前，安全抵達噶林騰寺。

---

⑭忿怒金剛（Guru Dorje Trolö）是蓮師的忿怒尊。法王南開·諾布向他的叔伯拓登所請的教法，是屬於阿宗·竹巴重新掘取出來的一部教法。與忿怒金剛有關的這部教法的名稱是《*Od gsal rdo rje 'i gsang mdzod rdo rje gro bo lod kyi chos skor las tshogs dang bcas pa*》。一九七二年，由桑傑·多傑（Sanje Dorje）出版。

⑮「毘盧遮那瑜伽」（the yoga of Vairocana）是指在法本《日月和合密續》（*Nyida Khajor*；藏 *'Phrul 'khor nyi zla kha sbyor*）裡，由毘盧遮那所傳授的「幻輪瑜伽」系統，是一個與「大圓滿」特別相關的法門。參見法王南開·諾布所著的《幻輪瑜伽》（*Yantra Yoga*）。

第18章

西藏動亂與秋吉·旺楚圓寂

不論快樂或痛苦，都要安住在平等捨

沒有人能夠細數我的上師舅舅證悟身、語、意的狀態，我也無法在這本簡短的傳記裡，提及所有我所知曉的種種。

在火猴年（一九五六年）初春，我和友人貝瑪·昆雅（Pema Kunkhyab）一起前往噶林騰寺幾天，向我舅舅求教。然而在那時，我舅舅卻在拉隆山谷上的殊隆（Shuglung）①隱居所閉關。

當我們相見時，詳細地討論了正在演變的動亂。由於整個諾桑（Norsang）②家族已經決定從康區往中藏的方向遷移，然後再從中藏前往印度和錫金，於是我堅請秋吉·旺楚和我們一起前往。但是他回答：

「在我的餘生當中，我想要在昆噶．帕登駐錫的閉關所和寺院修行。我變得愈來愈年邁，身軀遲鈍笨重，而且我也不打算流浪於鄰近的國家，毫無意義、漫無目的地勞累自己。再者，我擔心如果我萬一到了文殊師利的化身、上師秋吉．羅卓的駐錫地，因為嫉妒而盲目的人又會製造引起痛苦的難題，我絕對不想要為上師製造騷動和困擾。

不論發生什麼樣的情況，不論是快樂或痛苦，我都希望安住在平等捨的狀態之中。昆噶．帕登在他的遺言中多次重申，我應該在他的駐錫地專心致力地修持教法心要。即使只有一天，我也想要獻身於此。

你還年輕，具有許多功德，肯定能利益眾生和教法。你應該在障礙生起之前，追隨你的傾向和喜好，如果你發現自己就在秋吉．羅卓身邊，便應該時時保持警覺，因為那些嫉妒的人會為你製造麻煩。」

在我離開之前，秋吉．旺楚交託給我他和他的上師掘取出來的伏藏——一尊金剛手

①這是一個隱居所，位於能俯瞰噶林騰寺這個地區內的拉隆山谷上，以「殊隆」（Shuglung）之名為人所知。

②諾桑（Norsang）是法王南開．諾布的家族姓氏。

佛像，並且授予我灌頂，使我成為那個教法的口傳持有者（藏chödag）③。由於革命份子已經封鎖道路，我和貝瑪．昆雅在設法逃過直曲（Drichu River，即長江），抵達直曲西岸時，面臨無數個障礙。

在火猴年初冬（一九五六年十二月），整個康區和德格．貢千寺爆發激烈的衝突戰鬥，以反抗中國的入侵。所有的居民都覺得自己像是置身於中陰（bardo）④的眾生，拚命逃往各個方向，卻找不到任何庇護所。我、我的整個家族和那些親近我們的人，在高原上通往南方的山谷裡尋找避難之所。為了安全起見，我們白天留在帳篷裡，晚上翻山越嶺。

在那段期間，秋吉．旺楚留在殊隆隱居所獨自閉關，與那個地區的居民毫無任何接觸。他能夠存活下來，完全是仰賴收攝五大元素之精華的修行法門（藏chülen）⑤。

受到革命激進份子的無端指控

在火雞年（一九五七年）春末，我們通過囊謙，逐漸開始越過東藏，然後在中秋，我們身體健康地安全抵達拉薩。最後，在土狗年元旦（一九五八年二月十九日），我抵達印度。有一天，我從來自康區的旅人處聽說，革命激進份子已經把我舅舅傳喚到柯洛洞（Khorlomdo），並且不斷地騷擾他。

從那時起，我對東藏的情況幾乎一無所聞。尤其在土豬年（一九五九年）發生起義叛亂之後，西藏和印度之間的交通完全封鎖。如果從中藏取得消息已經有困難，那麼想要獲得關於康區的資訊，就難上加難了。

在土羊年（一九七九年）年底之前，也就是有二十一年的時間，我不知道在東藏親友的狀況，甚至連他們是生是死都一無所知。

從鐵猴年（一九八〇年）開始，關於西藏悲慘狀況的新聞開始外流，我終於得知秋吉·旺楚已經過世。在鐵雞年（一九八一年），當我們前往拉薩去拜訪親戚時，我見到姐姐蔣揚·丘準（Jamyang Chödrön）及其他人，才知道整個故事的細節。

多年以前，即在火猴年（一九五六年），革命份子幾乎逮捕康區所有的喇嘛和祖古，並且把他們打入大牢。那些在寺院內被逮捕的喇嘛和祖古，被指控是寺院及寺產的所有人；在山間隱居所從事閉關期間被逮捕的喇嘛和祖古，則背上不事生產的罪名。中國人對民眾暗示僧袍的特有顏色，宣稱他們是「紅賊」和「黃盜」。

---

③教法的持有者（藏 chödag）是某個特定的授記，表示一個人要為某個特定教法的傳授與維繫負起責任。這個教法都會與一個伏藏傳統有關。

④「中陰」（藏 bardo）是介於死亡與再生之間的過渡時期。

⑤藏語「chülen」是一種能夠藉由收攝五大元素之精華來滋養身體的修行法門，許多修行者成功地在不進食的情況下，以這種方式生活許多年。

在火雞年（一九五七年），革命份子強迫仍然在殊隆閉關的秋吉．旺楚返回寺院。事實上，其中一個革命教條指出：「他不勞動，就沒有吃的權利。」因此，他被迫留在那裡，沒有行動的自由。

在土狗年（一九五八年），激進份子以秋吉．旺楚是喇嘛駐錫地的所有人，因此屬於統治階級為藉口，把他帶到柯洛洞。在那裡，他正式受到指控，並且在幾個場合受到粗暴虐待。然而，唆使煽動其他人、參與這些行為的暴動煽動者真的非常少，因為蘇帕村的所有居民和寺院比丘都因為這些事件而深受痛苦折磨，沒有人能夠強迫他們去參與這些行動。

金剛兄弟先後被捕入獄

那年春末（一九五八年四月），地方民眾和寺院比丘一再地堅持要秋吉．旺楚仁波切逃到北邊高原上的游牧地區。在夏初，秋吉．旺楚答應他們的請求，在夜間，連同大約一百位比丘和在家眾逃離柯洛洞，前往札處卡（Dzachuka）⑥地區。之後，第六世雪謙．冉江．久美．天貝．尼瑪（Shechen Rabjam Gyurme Tenpai Nyima, 1910-1960。以下略稱「雪謙．冉江」。見頁166【圖21】）⑦和竹巴．庫千．圖登．謝竹．欽列．嘉措（Drugpa Kuchen Thubten Shedrub Trinle Gyamtso, 1906-1960。以下略稱「竹巴．庫千」）⑧，也遷移到那個地區，三位金剛兄弟因而團圓。在同一個時期，第六世佐千仁波切吉札・強秋・多傑（Jigdral Changchub Dorje, 1935-1959。以下略稱「佐千仁波切」。見頁166【圖22】）和眾多喇嘛、祖古遭到逮捕，每天飽受革命激進份子的各種羞辱和折磨。在那段時間之內，三位金剛兄弟相處在一起，互相傳授甚深的教導，利益教法和眾生，直到年終之時。在土豬年一月十八日（一九五九年二月二十六日）的傍晚，他們居住的大片營地突然被中國士兵包圍，子彈像冰雹般落下。中國軍隊逮捕竹巴・庫千以及許多其他比丘和在家眾，據說他們被放逐到石渠（Sershul）⑨一段時間。雪謙・冉江和他的家族暫時成功地逃離追捕，但是他們就如同中陰眾生一般，不知道何去何從。

我舅舅及其隨從越過高原上的各個地區，最後抵達距離卡松渡（Kharsumdo）⑩不遠的一個濃密森林。他們停留在那裡一段時間等待時機，以便涉過直曲，前往西藏中部，越過南方台地地區。

---

⑥札處卡（Dzachuka）是位於康區東北部的一個地區。

⑦第六世雪謙・冉江・久美・天貝・尼瑪（（Shechen Rabjam Gyurme Tenpai Nyima, 1910-1960），也是為人所知的囊日・竹貝・多傑（Nangze Trubpai Dorje）。

⑧竹巴・庫千・圖登・謝竹・欽列・嘉措（Drugpa Kuchen Thubten Shedrub Trinle Gyamtso, 1906-1960）是佐千寺竹巴・庫千（Drugpa Kuchen）轉世傳承的第二世。參見大衛・傑克森所著的《在西雅圖的聖哲：西藏神祕的德中仁波切之生平》，頁71。

⑨石渠（Sershul）是游牧民居住的廣大地區，介於現今中國的青海省和四川省的邊界。

⑩卡松渡位於德格西北方。

【圖22】第六世佐千仁波切（Jigdral Changchub Dorje）（攝影者不詳）

【圖21】第六世雪謙・冉江（Shechen Rabjam）（攝影者不詳）

然而，在那些日子裡，佐千仁波切在一場暴動中遇害⑪的壞消息傳來，但不知道是被中國人或西藏人殺害。秋吉・旺楚說：「我們將平靜沉著地停留在這個樹林裡幾天，因為我們必須為佐千仁波切舉行葬禮。」他們這麼做了。但是在那年的二月四日（一九五九年三月十三日），大約一百個中國和西藏的革命激進份子突然出現，包圍並逮捕了秋吉・旺楚與其從眾。他們一個接一個地被綁在一起，送往德格首府的監獄。

在那裡，他們得知竹巴・庫千也在同一個監獄。在兩個多星期之後，他們得知雪謙・冉江也被帶到那裡。

我的姐姐——瑜伽女蔣揚・秋

吉·卓瑪（Jamyang Chökyi Drönma，即蔣揚·丘準）全心行善，追隨文殊師利化身、上師秋吉·旺楚多年，她發現自己也置身於同一座監獄。身為一個年輕女子，她和德格王的孩子一起被扶養長大，跟隨昆努·丹增·嘉岑學習所有的傳統學科。她一直能夠專心致力於修持竹豁·蔣揚·札巴（Drukhog Jamyang Tragpa, 1884-1942）⑫的教法，並且專心地研習占星學和時輪金剛。她因而極具學養，也因此之故，她和其他五百人一起被帶到德格城堡（Derge Dzong）的監獄，被迫日夜不停地勞動。

有一天，蔣揚·丘準遇見秋吉·旺楚。他用以下的詞句來述說監獄裡的狀況：

「就生活狀況而言，我的睡眠和飲食都沒有太大的困難，我也找時間在每個剎那寧靜地專心修行。但是我們三個金剛兄弟尚未有見面的可能，甚至無法彼此照會。如果妳遇見雪謙·冉江和竹巴·庫千，把『生命從種子字中生起』（Existence arises from the symbol）這句話轉述給他們。」

---

⑪第六世佐千仁波切吉札·強秋·多傑（Jigdral Changchub Dorje, 1935-1959）在一九五九年二月八日死於札處卡。他身負重傷，他的比丘和信眾把他帶到札處卡。關於與佐千仁波切之死有關事件的描述，參見蔣揚·諾布（Jamyang Norbu）所著的《西藏的勇士》（*Warriors of Tibet*），頁134-137。

⑫竹豁·蔣揚·札巴（Drukhog Jamyang Tragpa, 1884-1942）是竹巴噶舉派的喇嘛，聞名康區。

蔣揚．丘準曾經有機會見到雪謙．冉江，並且有剛剛足夠的時間來詢問他的健康狀況，把秋吉．旺楚的話傳達給他。連繫竹巴．庫千就比較困難，但是她成功地要求曾經是竹巴．庫千弟子的一個囚犯，把話傳給竹巴．庫千，但是她不確定這句話是否真的傳到竹巴．庫千耳中。

在此之後的幾個星期，東給．多傑．彭措（Throngnge Dorje Phuntsog）⑬被帶到一群暴民面前，受到指控、譴責和毆打，最後被槍殺。在那之前的火雞年（一九五七年），桑田．羅卓的祖古蔣揚．昆噶．南賈（Jamyang Kunga Namgyal）⑭被帶到德格．貢千寺的圓柱大廳，雙手雙腳被套上鐵鏈地留在那裡數個月，直到有一天，他在群眾面前被槍殺。

每一天，男男女女、比丘和在家眾都被帶到群眾面前，受到不停地指控、譴責和毆打，最後被射殺。有些人用各種罪名來指控其他人，希望能夠藉此挽救自己的性命。那些動用這些殘忍且粗暴私刑的人，被稱為「赫聰巴」（hurtsönpa）——激進份子。他們希望藉由控告其他人的罪行來挽救自己的性命，而且有時他們覺得自己是自由的。然而，一旦他們的惡業成熟，許多人最後的下場都十分悲慘。

例如，當蔣揚．昆噶．南賈被帶到動用私刑的群眾面前時，來自谷普村（Ngulphu）⑮的共犯把一個馬鞍放在他的背上，並把套著繮繩的馬銜放在他的嘴巴裡。他們強迫祖古四肢著地，輪流騎在他的背上，強迫他來來回回地背著他們。在某個班隊裡，有個名叫瑪孜（Mardzi）的女孩，她用一個杯子盛滿自己的尿液，強迫桑田・羅卓喝下去。幾個月之後，那些來自谷普的激進份子被控偷取青稞而入獄。一年之後，瑪孜精神錯亂，而且有好幾年的時間被排除在革命份子的行列之外。在很長一段時間後，瑪孜革新向善。因果法則絕無謬誤的本質一直都明顯地展現，也將會一直展現，並且清楚地證明了輪迴（梵 saṃsāra；藏 khorwa）⑯固有的特徵。

在逆境中禪修圓寂

藏曆鐵兔年一月十五日早晨（一九六〇年三月十三日），秋吉・旺楚、雪謙・冉江和竹巴・庫千這三位金剛兄弟，於從事禪修期間，在同一個時刻死亡。當獄卒為他們帶來早茶時，發現秋吉・旺楚等三人都採取相同的姿勢，並且以一模一樣的方式死亡。這三位大

---

⑬東給・多傑・彭措（Throngnge Dorje Phuntsog）是德格・貢千寺的富裕比丘。他和宗薩・欽哲的行政官結盟，極為敵視秋吉・旺楚。「東給」（Throngnge）是他的家族姓氏。

⑭蔣揚・昆噶・南賈（Jamyang Kunga Namgyal），被認為是著名的堪布桑田・羅卓的轉世。參見第五章注②。他駐錫在札瑪・貢・圖登・瑪龐・秋火・林（Trama Gön Thubten Mapham Chökhor Ling）的小寺院。一八五八年，本洛・噶旺・雷竹（Pönlop Ngawang Legdrub）在德格區的一座老寺院遺址上興建這座小寺院。

⑮谷普（Ngulphu）是位於德格數英里之外的一個地區。

⑯輪迴（梵 saṃsāra；藏 khorwa）——死亡與再生的虛幻循環，在這個循環之中，眾生持續流轉，對存在的真實本質毫無覺察。

師原本要在隔天被帶到群眾面前，接受公開的私刑。在那時，許多人一旦被帶到暴民面前，都會受到羞辱毆打，最後被槍殺。因此，人們都猜測且常常述說這是他們三人選擇死亡的原因。這三位了知過去、現在和未來的眾生怙主，在同一個時刻一起死亡。因為他們有自由去選擇自己的生死，所以他們也選擇安住在寂靜狀態的時間。

幾個星期之後，另外三位祖古，竹巴．庫中（Drugpa Kuchung）[17]、戎楚（Rongtrul）[18]之子和察楚（Tsatrul）[19]被拖到一群暴民面前，受到公開的指控和射殺。雪謙的祖古、年紀未滿十九歲的東美（Thogme），和我姐姐蔣揚．丘準及其他五百人被監禁在同一所監獄。他們一天兩次，要背著一擔作為肥料用的糞便，從德格城堡走到在龔埡鄉附近的穆休橋（Moshö bridge），許多人因為這種虐待而死亡。在經過數天不得喘息的疲累之後，東美因無法承受這種磨難，也離開人世。

雖然我的姐姐蔣揚．丘準持續地承受這種磨難，但是她倖存了下來，因而有機會從包括中國人和西藏人在內的許多人口中，聽到三位喇嘛同時死亡之不可思議的故事。因此，在佛法面臨巨大障礙的時刻，三位聖人無畏無懼地經受逆境和不幸，其所作所為都是為了利益眾生和教法。這是值得我們所有人讚揚的事。

今日，所有人都認為，在受到觀世音菩薩加持的雪域這片美好土地上的可敬人民，他們都信奉佛陀的教法，不應該承受如此難受的痛苦與不幸。然而，如果我們稍加思量，就會了解到，這樣的事件其實都是業行的結果。這就是阿底峽尊者（Lord Atiśa）⑳極為強調的「如果沒有正確地修行，佛法本身就會變成下三道之因」，其話語中的意義。

如果不是嚐到自己的惡業之果的話，那些懷著狹隘之心的人還能夠得到什麼結果？這些人充滿仇恨、宗教分派主義的執著和盲從偏執，生起更多無用的恐懼和期待。許多堅持這種黨派之見的人，仍然持續因為一己強烈的仇恨和狹窄的心胸而積聚惡業，正如同諺語所說：「一個人在已經溫熱的床上伸展他的腿。」

哎！兩位大師，文殊師利的化身、父與子㉑，你們安住在寂靜的狀態之中，注視著使我們的心闇黑的無明被關在狹窄心胸的籠子裡。請用慈悲救度羂索之光的力量，立刻驅除因為狹窄之見所產生的濃重無明陰影。願智慧之見在我們心中生起。

---

⑰竹巴·庫中（Drugpa Kuchung）是佐千寺的一位祖古。

⑱戎楚（Rongtrul）是札處卡的一位喇嘛。

⑲只知道察楚（Tsatrul）是一個喇嘛，其他關於他的資訊不詳。一九八〇年代，在經過二十多年的流亡之後，法王南開·諾布回到西藏，人們給他這些喇嘛的名號。他遇見的人告訴他，在他離開德格之後所發生的事情。在他所聽聞的人當中，有些人他並不認識。

⑳阿底峽（Atiśa, 982-1054）是一位佛教大師，原本來自孟加拉。他是噶當派（Kadampa school）的祖師，也是十一世紀時佛教在西藏重振的領導人物。

㉑秋吉·羅卓是上師，因此是秋吉·旺楚修行上的父親。

第19章

蔣揚．欽哲．秋吉．羅卓圓寂

無二無別的兩位上師

在土狗年（一九五八年），我開始在錫金首都甘托克（Gangtok）的南賈研究中心（Namgyal Research Institute）學習梵文。在那段期間，秋吉．羅卓駐錫於錫金政府之前的宮殿中，並且偶爾傳授教法。我想要聽聞他所傳授的所有教法的強烈願望勢不可擋，完全地在我內心成熟，如同乾渴的人渴望喝水一般。雖然在許多場合，我試圖會見上師不下十次，但是都沒有成功，因為每次我不是被告知重要人物正在和他談話，就是為了其他緣故而不可能接見。

有一次，我能夠和上師秋吉．羅卓交談，那是因為我恰巧看見他坐在駐錫地後面的原野上，他作勢要我過去。另一次見到他，是因為我在他們房屋前門外遇到其妻康卓・慈玲・丘準（Khadro Tsering Chödrön, 1929-2011。以下略稱「慈玲・丘準」）①，由她替我說項才如願。再一次也是在同一個地點，我碰巧遇到上師駐錫地的助理行政官札西・南賈（Tashi Namgyal），在他的協助之下，他把我引領到上師跟前。但是從此以後，當他傳法時，我都不像其他弟子能得到聞法的許可，因此我失去了領受他甚深教法的所有希望。

當我得知秋吉・羅卓生病時，便準備了幾件物品要供養他，並試圖見他兩次，但都被告知他謝絕訪客而遭到阻撓。於是我詢問是否能夠把供養品傳送給他，同時把供養品留在那裡，但我不知道供養品是否真的交到他的手上。當我了解到，自己已完全不可能在秋吉・羅卓去世前見他一面時，內心感到深深的悲傷。

當我一九五九年在錫金甘托克時，某個秋天的清晨，我做了一個非比尋常的夢。夢中我正要前往秋吉・羅卓駐錫地的大殿瞻仰他的法體，途中我遇見身穿天藍色絲衣的空行母慈玲・丘準（秋吉・羅卓之妻）。空行母雙手握著兩束白、紅、藍色的玫瑰花，並對我噓寒問暖。我說自己正要前去禮敬文殊師利的化身——上師秋吉・羅卓——的法體。空

①康卓・慈玲・丘準（Khadro Tsering Chödrön, 1929-2011），出身阿杜・拉卡（Aduk Lakar）家族。

行母回答：「我也正要過去，我們一起走。」她把右手握著的玫瑰花束交給我，我們一起出發。

我們抵達大殿中央，站在一座燦爛奪目、作為葬禮之用的舍利塔前。我對空行母說：「我不知道人們已經替文殊師利化身的上師秋吉．羅卓建造了這麼大的舍利塔。」空行母回答：「蔣貢（文殊菩薩）的舍利塔原本是以一般大小來建造，但後來任運擴大了。」

我提議我們一起修持「上師相應法」，空行母同意，我們就坐在紀念舍利塔前。我帶頭修法，念誦《龍欽心髓》前行法裡的「上師相應法」。在我們領受四灌頂（藏wangzhi；梵catuḥabhiṣeka）②，弟子的心和上師的心融合為一時，景象產生變化，那座巨大的舍利塔出現在曠野上，有三層樓那麼高。在此同時，響起各種樂器演奏的樂音，那音樂不知從何處傳來，我四處張望，只見那地方杳無人煙。當我把目光轉移到面前的舍利塔時，我看見在舍利塔壁龕的左右兩側，有兩個散放出明亮燦爛五色光芒的炫目球體，每個球體的直徑大約有四腕尺長。

秋吉．羅卓置身於舍利塔右側的明亮球體裡，尊主秋吉．旺楚則在左邊的球體裡；兩位上師都顯現為光身，但同時又能被認出。他們明亮光燦的光身上穿著精緻飄揚的黃色絲衣，雙手安放在膝上，結「涅槃寂靜印」（mudrā of repose）。他們面帶笑容，快樂地注視著我。我心想：「在同一個時刻遇見兩位上師、文殊師利的化身，真是不可思議！」

弟子的心與上師的心相結合的一刻

我起身，走向秋吉．羅卓。當我轉向他時，我的心和他的心結合為一。秋吉．羅卓注視著我，臉上充滿喜悅地說：「智慧持有者秋吉．旺楚和眾生救度者秋吉羅卓，已經擊敗執著於二元分立之見的惡魔。現象（法）的根本虛空之一境不可思議！阿拉拉（Alala）！」在說完這句話之後，他右手結「直指印」（藏digdzub；mudrā of direct intriduction）③指著我，用甜美動人的旋律吟誦長長的「hum」（吽）音，為我的心識流灌頂。

②四灌頂（藏wangzhi；梵catuhabhiseka）是密續上師授予弟子的灌頂，指出存在之真實狀態的智慧。首先，透過「寶瓶灌頂」，上師對弟子指出本尊的壇城（divine palace），象徵他自己明光心的根本狀態。然後，透過「祕密灌頂」、「智慧灌頂」和「文字寶句灌頂」（也稱「第四灌頂」），顯示本尊的不同面向，象徵一個人自己的根本狀態。「寶瓶灌頂」相應於「身」的層次，它使弟子能夠觀想本尊，清淨五蘊和五大。「祕密灌頂」相應於「語」的層次，使弟子能夠持誦咒語，清淨所有「語」和「氣」（梵prāṇa）的面向。「智慧灌頂」相應於「意」的層次，它清淨明點（梵bindu；藏thigle）的根本能量，使弟子能夠修行大樂狀態。「文字寶句灌頂」或「第四灌頂」相應於本初智慧的層次，對弟子指出心的「無二」本質。對於「灌頂」的解釋，參見策列．那措．壤卓（Tsele Natsok Rangdröl）所著的《灌頂和解脫道》（*Empowerment and the Path of Liberation*）。

③在結「直指印」（藏digdzub；mudrā of direct intriduction）時，食指往前伸直，中指和無名指彎曲，碰觸拇指指尖的下方，小指微微彎曲。上師使用這個象徵性的手勢，對弟子指出心的真實本質。這個藏語詞彙也被用來形容結「威嚇印」（mudrā of menace），被用來控制負面事物；在這種情況下，手直接朝上。

接著我走向舍利塔的左側，站在秋吉．旺楚面前。當我的心和上師的心融合在一起時，他對我說：「兩位上師同是慈悲的化現，無二無別。超越因概念引起的三毒之不淨，平等捨之狀態不可思議！阿拉拉（Alala）！」他用結「直指印」的手指著我，用力發出「hum」（吽）的聲音，為我的心識流灌頂。

我回到原地坐下，再次領受「四灌頂」，修持《龍欽心髓》前行法的「上師相應法」。在與上師的心相結合的那一刻，兩位蔣貢（文殊菩薩）一起說出以下的話語：「神聖的孩子，前去上師的明光心之境，父與子在實相上是無別的——在本初清淨的狀態，在離於障礙的明光心之中，在任運圓滿的狀態之中，所有的功德都等同了證。」在聽到這些話語之後，我的心充滿無比的喜悅。

空行母慈玲．丘準和我修持《持明總集》薈供，空行母給我一個盛滿酒的顱杯，我給空行母一個堆滿各種肉的顱杯，並且請她吟誦薈供之道歌。空行母回答：「好的。」在那個剎那，一隊士兵聚集在大殿的外門前面，引起一陣喧鬧騷動。其中一些士兵看起來像是猩猩，另一些士兵看起來像是猴子。因為他們引起的喧囂嘈雜聲，我們無法吟唱薈供道歌。我有點害怕，開始擔心自己可以逃到哪裡去，我應該怎麼辦。我從夢中醒來，感受到極大的喜悅，彷彿我真的遇見了兩位上師。因為這個夢的緣故，不可動搖的信心已經深深地根植在我的心中，而且我也更加相信，兩位上師的明光心狀態在實相上是無二無別的。

遠離狹隘局限的心來看待事物

幾年前，當我在宗薩的康傑佛學院（Khamje college）④，從秋吉·羅卓處領受教法時，他曾把我叫到跟前，堅持地問我佛學院放秋假時有何計畫。我說，放假期間想要留在康傑佛學院，領受他可能希望傳授給我的每個教法。上師秋吉·羅卓對我說：

「我非常高興你希望追隨我的教法，但是我擔心那些心懷嫉妒的人。如果你打算長期留在這裡，便可能會陷入極為危險的處境。在放假期間，你要從事閉關，修持『趨近』（approach）和『成就』（accomplishment）次第⑤的法門，藉以根除負面的因緣。不論是關於原始佛經和密續的教法，或特定甚深的教導，只要是你可能仍然需要的，你都可以如過去

④康傑·謝竹·達賈·林（Khamje Shedrub Dargyal Ling）是宗薩寺的佛學院。一九一八年，秋吉·羅卓在宗薩寺下方的山谷建立康傑佛學院。欽哲·旺波在同一地點建立了一座小寺。

⑤「趨近」（approach）和「成就」（accomplishment）表示與一個密續本尊有關的修行儀軌的不同次第。按照其背景脈絡，可以用各種不同的方式來解釋說明。一般而言，有趨近、完全趨近（complete approach）、成就和勝妙成就（great accomplishment）這四個面向。關於這四個面向在瑪哈瑜伽的背景脈絡的解釋，參見蓮師所著的《智慧光》（*The Light of Wisdom*），頁210-211。

般向欽慕．秋吉．歐澤⑥請法。沒有什麼更重要的法是你可以領受的了。」

他轉向在場的札西．南賈說：「把禮物帶過來。」札西．南賈去拿來一大卷布料和衣服，放在我的前面。欽哲仁波切給我一條阿謝絲巾和那包布料說：「接受這些東西，按照我的囑咐去做。」我聽從他的忠告，前往位於桑千．南札⑦的蓮師洞穴，圓滿地修持「趨近」和「成就」次第的法門。

因為這些緣故，我以為曾親自出席那場會面的札西．南賈會明白上師秋吉．羅卓對我的惜愛之情；同樣地，他也不可能不知道我多麼地想要和上師取得連繫。然而，一個特殊的事件讓我懷疑自己的信念。在欽哲仁波切離世之後，因為我可以毫無困難地去瞻仰他的法體，所以每天早晨我都去那裡，並修持「上師相應法」。有一次，我碰到札西．南賈，他和一些比丘正在用清洗欽哲仁波切法體的除邪水來製作甘露丸。⑧當我詢問他是否可以行行好給我一些甘露丸時，他瞪大眼睛看著我說：「但是你對上師有信心嗎？」我一剎那間驚得目瞪口呆，無法回答他的問題。我心想，如果札西．南賈是如此，那麼其他人的想法又會是如何呢？

如果兩位上師所有的法子都深深地了解，他們心的明光狀態是無二無別的，那麼，他們肯定會離於以狹隘局限的心來看待事物的方式。

⑥欽惹·秋吉·歐澤，參見〈導言〉注㉜。

⑦桑千·南札，參見第二章注⑲。

⑧根據西藏的傳統，人們使用清潔證悟上師法體的水來製作甘露丸，被認為具有上師修行力量的加持。這些甘露丸會被分配給弟子。

第20章

欽哲・耶喜

法主秋吉・旺楚入滅已經有一段時間了，但是他怎麼能夠停止把慈悲降在我們和所有與他結緣的弟子身上？

秋吉・旺楚轉世的徵兆

在土雞年的八月之初（一九六九年九月），我做了以下的夢：我的妻子羅莎和我一起登上賈沃隱居所。我們手上帶著兩束黃色的康乃馨、一瓶白酒和一瓶紅酒。當快要抵達閉關所時，我們看見閉關所上方有個光彩奪目的種子字，在一團五彩虹光內閃耀。我對羅莎說：「在這個種子字顯現之處，就會有《龍欽・歐瑟・卡卓心髓》（*Longchen Ösal Khadroi Nyingthig*，略稱《龍薩・卡卓心髓》①的教法和教法持有者。」不久之後，我們抵達洞穴入口。我對羅莎解釋：「這是成就主昆噶・帕登的閉關洞穴。」

在洞口，有兩個深藍色頭髮的年輕女子。她們身穿美麗的紅絲衣，上面飾有金剛杵的圖案，下襬有不同顏色的絲穗。這兩個美妙優雅、以骨飾和珍貴織品為莊嚴的女子，手上拿著用新鮮採集的白花和黃花製成的花鬘。我問她們在這裡做什麼，在洞口左側的女子回答：「我們保護嘿卡・林巴（秋吉・旺楚）的遺物已經有許多年了。現在要把它們帶到朗・烏・林千（Ram Ö Lingchen）②的時機已到。」我急切地詢問她們：「偉大的嘿卡・林巴已經過世了嗎？他在何時、何種情況下過世的？」在洞口右側的女子說：「許多年以前，因為邪靈的侵擾，他離開人世，安住在法界（梵dharmadhātu；藏chökyi ying）之中。」

我充滿驚奇，急忙地進入洞穴之中。在上師秋吉・旺楚曾經從事禪坐之處，我看見一個巨大的水晶塔。我仔細觀察這個裡外通體透明的大塔，清楚地看見塔裡有一盞油

①《龍欽・歐瑟・卡卓心髓》（*Longchen Ösal Khadroi Nyingthig*），是由法王南開・諾布重新掘取出來的一部教法。

②朗・烏・林千（Ram Ö Lingchen）是在我們身處的世界之外的無數界域之一，在密續裡稱為「塔瓦」（thalwa）。在《聲應成續》（*Dra Thalgyur Tantra*）裡，描述了十三個「塔瓦」。

燈，其燃燒的火焰散放出紅色的光芒。在水晶塔周圍，有白色、黃色、紅色、綠色等類似「勁」（ging）和「勁嫫」（gingmo）③的男女眾生，在四個角落以絲巾撐住水晶塔。

我用力大喊：「你們要把我的上師暨舅舅的法物帶到哪一個聖地？我是這些法物的守護者，沒有我的許可，你們不能把它們帶到另一個世界。」一個站在塔前美麗的年輕女子，身穿飾有骨飾的天藍色絲衣，右手拿著一條色彩斑斕的絲質飾帶，她面對我說：「龍欽．洛佩．多傑（Longchen Rolpai Dorje）④，你確實是嘿卡．林巴的弟子和外甥，但是我們已經得到智慧持有者嘿卡．林巴本人的命令。根據他遺言的指示，塔裡的遺物必須帶到朗．烏「塔瓦」（thalwa）的無上境，作為空行母崇敬的對境。但是，如果你為了利益教法和眾生，而想要在塔前祈願的話，你必須趕快行動。」

我供上花束，把它們放在塔前，並看見羅莎已把兩瓶酒呈獻給那位美麗的年輕女子。然後，我們坐在塔前，在與上師的心相融的狀態中，開始吟誦金剛道歌（藏 dorje lu；Song of the Vajra）⑤，所有的在場者都加入吟唱。在那個剎那，塔內燃燒的火焰往前放射，融入坐在我身旁妻子的心間。當我們吟誦「ghura ghura」歌時，那些「勁」把包裹在絲布裡的水晶塔帶入天空，我的心中生起無法忍受的悲傷。當我醒來時，仍然感到悲傷，但是我心想，那道融入妻子的紅光或許是上師即將轉世的徵兆。

蔣揚・秋吉・尼瑪的誕生

隔月，羅莎懷孕了。在整個懷孕期間，出現許多正面的夢境。在鐵狗年的猴月（一九七〇年七月三日），耶喜有個身帶胞衣⑥的吉祥出生，以及其他吉祥的徵兆。即使我確定他是尊主秋吉・旺楚的轉世，但我對此事隻字不提。

③勁（ging）和勁嫫（gingmo）是空行（dāka）和空行母（dākinī）的同義字，兩者常被稱為本尊和持明的信差，有時被描繪成骷髏。

④「龍欽・洛佩・多傑」（Longchen Rolpai Dorje）是法王南開・諾布的一個名號。

⑤「金剛道歌」（藏 dorje lu：Song of the Vajra）是在無上密續的傳統中廣為流傳的證悟道歌，例如在《喜金剛密續》，以及在大圓滿教法的傳統之中。它們常常用烏底雅那（Oddiyāna）的語言寫成。烏底雅那是一個國家，一些學者認為它位於現在巴基斯坦的斯瓦特山谷（Swat valley），據說蓮師即來自烏底雅那。「金剛道歌」有普賢如來（梵 Samantabhadra）、普賢佛母（梵 Samantabhadrī）和無二（nondual）等三種不同的版本，它的每個字母都被認為是一個咒語。「金剛道歌」是一種心要法門，包含大圓滿心部（semde）、界部（longde）和口訣部（mennagde）的意義。如《幻輪瑜伽續》（*Nyida Khajor tantra*）所解釋的，修行者透過「金剛道歌」可以進入觀修狀態，並把一切行為融入那種狀態之中。

⑥耶喜「帶著胞衣」出生是指他出生時，仍然包裹在羊膜囊裡。在西藏的傳統中，這被視為一種吉兆。喇嘛們的傳記裡有時也指出類似的事情，並描述以囊袋服貼身體的樣子來作為占卜的方式。在歐洲的民俗傳統之中，嬰兒帶著羊膜囊出生也有相同的意義。在過去西方各個國家之中，以這種方式出生的嬰兒被認為具有天賦的神力，在某些情況下，甚至被認為必須要獻身於宗教生活。

【圖23】法王南開．諾布（中）、欽哲．耶喜（Khyentse Yeshe，左）與玉千．南開（Yuchen Namkhai，右）。（攝影：Nicoletta Liguori）

有一天，因為他不聽話，我在當時十八個月大的耶喜屁股上打了一下。我看見那個小小孩子的眼睛裡滿是淚水。同一天晚上，我夢見自己在打耶喜，就在打他時，耶喜告誡我：「我是你的舅舅，也是你的上師，不要打我！」我因此從夢中醒來。之後，法王薩迦．企千宣布，耶喜是秋吉．旺楚的轉世，授予他「蔣揚．秋吉．尼瑪」的名號。

當耶喜三歲時，有天我不需要工作而留在家中，專心地修持「頓超法」（Thögal）⑦，放鬆地安住在身、語、意之中。耶喜靜悄悄地到房間加入我，全然靜默一段時間。我以為耶喜在玩玩具，或許已經走出房間去玩，但是過了一段時間之後，我感覺有人輕拂我的左膝。我慢慢地睜眼觀看，看見耶喜坐在那裡，眼睛半開半閉地凝視太陽光。「你在做什麼？」我問他。他一邊繼續凝視，一邊回答：「我正在看蓮師的上半身閃耀著光芒。」

雖然我不太相信他，但是我立刻拿來一張紙和彩色鉛筆，要他盡可能地把正在看的東西畫下來。我們至今仍然擁有那張令人驚奇的素描，它清楚地顯示蓮師的頭和身軀在一個五色光球之中。於是耶喜前世的許多特質在他身上覺醒，我那些對此感到驚奇的弟子、親戚和朋友都大為讚歎。

⑦「頓超法」（Thögal）是大圓滿教法特有的法門，以光的修行為基礎。

如果他的智慧、慈悲、覺受和修行的證量受到檢驗，毫無疑問地，耶喜真的是秋吉・旺楚的轉世。然而，我一點也不想延續過去的習俗。事實上，如果可能的話，沒有什麼比在沒有寺院或上師駐錫地的情況下，順應時勢地利益眾生和教法來得更好。

當透過「蔣貢喇嘛」（文殊菩薩化身的上師）的名號來利益眾生的需求生起之時，身為上師之三祕事業的祖古們就已經綽綽有餘。

在法主秋吉・旺楚的一生當中，他對上師駐錫地、頭銜、權勢和名聲感到無比的厭惡。一些違犯三昧耶的人因為黨派主義而變得盲目，故意折磨他，直接、間接地阻礙他，但儘管如此，秋吉・旺楚圓滿體現不偏不倚（平等捨）的行止。因此之故，我希望在今生，他能夠按照自己的本性，使他推動教法及實現眾生之安樂的善行開花結果。事實上，他根據自己對在輪迴中流轉的如海眾生所處的時空和輪迴狀態的認識，來傳播心要教法，在勝義諦的持有者當中，他至高無上。

藉由不增不減的一些文字撰寫上師秋吉・旺楚，
以及其在三個不同時期轉世之歷史的功德，
願我們所有人離於狹隘心胸之限制，
使我們目光局限的鐵鏈被智慧之劍徹底斬斷。

願我們所有人在智慧境相廣大開放的境界中，
享受自解脫的吉祥！
藉由這些善行的功德，
願我的雙親——對於他們巨大的恩情，我難以回報，
以及在今生與我結下善緣和惡緣的所有眾生，
迅速地在文殊師利的明光狀態中了證。

後記

長久以來，我一直想要撰寫我尊貴的上師蔣貢．秋吉．旺楚（持明嘿卡．林巴）的傳記。最近，我的弟子安立哥．德安傑羅（他專心致力於大圓滿教法的本初瑜伽），以及許多其他大圓滿同修會（Dzogchen Community）的成員，都催促我提筆為文。

在此緣之下，我——南開．諾布（龍欽．洛佩．多傑），同時也是上師的弟子暨外甥，在藏曆木牛年十月十日（一九八五年十一月二十一日），持明和空行母匯聚之吉祥日，於義大利中部火山營（Merigar）的大圓滿同修會中心，根據我年輕時所收集的筆記，完成此一傳記。

願善德遍在！願一切吉祥！

我——南開．諾布，先用藏文正體書寫本文，之後在佛陀入滅的三九一六年——藏曆土兔年二月（一九九九年）——輸入電腦，在此同時重新審閱草稿，訂正、修改和釐清某些重點。我在一九九九年二月十六日（陰曆正月十五的吉祥日），即上師噶拉．多傑（Garab Dorje，勝喜金剛）的紀念日，完成本書的撰寫工作。

願這些文字為教法和眾生帶來巨大的利益。

善德！善德！善德！

附錄

1944	秋吉·旺楚遷移至噶林騰寺（Galingteng monastery）。	
1947		瑞廷仁波切政變失敗。
	秋吉·旺楚掘取金剛手（梵Vajrapāṇi）伏藏。	
1948	拜訪那隆（Nalung）的大成就者；會見加那（Gyanag）祖古和札烏（Trau）百戶長。	
1949-1950		中國共產黨控制長江東、西兩岸的所有地區。
1950	秋吉·旺楚授予法王南開·諾布「忿怒蓮師」（Guru Dragpo）和「咕嚕·札普」（Guru Tragphur）灌頂。	
		昆噶·帕登（Kunga Palden）圓寂。
		第十四達賴喇嘛登基統治西藏政府（11月17日）。
1951		簽署「中央人民政府和西藏地方政府關於和平解放西藏辦法的協議」（5月23日）。
		人民解放軍先鋒部隊進入拉薩（9月9日）。
	秋吉·旺楚掘取耶宗（Yedzong）伏藏。	
1952		噶林騰寺大殿展開重建。
	秋吉·旺楚派遣法王南開·諾布前往宗薩，從秋吉·羅卓處領受《道果法》。法王南開·諾布在停留宗薩期間遭人下毒。	
1953	秋吉·旺楚傳授《寂靜尊雙運》（*Shiwa Yongdü*）伏藏、《雅希心髓》（*Nyingthig Yazhi*）給法王南開·諾布。	
1954		拓登·強田（Togden Chamten）圓寂。
1956		康區（Kham）發生反中國起義。
	初春，法王南開·諾布旅行去見秋吉·旺楚，後者傳授南開·諾布拉隆（Lhalung）的金剛手伏藏教法。	
	接近春末之際，法王南開·諾布前往拉薩朝聖，然後抵達印度，同秋天返回康區。	
1957	在一月期間，法王南開·諾布的家人開始旅行前往中藏，在秋天抵達拉薩。	
		秋吉·羅卓抵達錫金（Sikkim）。
	在秋天，法王南開·諾布返回拉薩。	
1958	法王南開·諾布前往錫金，會見秋吉·羅卓。	
		宗薩寺被毀。
	秋吉·旺楚被革命分子帶到柯洛洞（Khorlomdo）。	
	夏初，秋吉·旺楚從柯洛洞逃往札處卡（Dzachuka）地區。	
1959		第6世佐千仁波切吉札·強秋·多傑（Jigdral Changchub Dorje）在札處卡過世（2月8日）。
		拉薩爆發反中國起義。（3月10日）。
	秋吉·旺楚在卡松渡（Kharsumdo）附近遭到逮捕，被帶到德格監獄（3月13日）。	
		達賴喇嘛離開拉薩（3月17日）。
		達賴喇嘛抵達印度（3月30日）。
		秋吉·羅卓在錫金圓寂（6月12日）。
1960	秋吉·旺楚在獄中圓寂（3月13日）。	
1970	欽哲·耶喜（Khyentse Yeshe）在義大利提瓦里（Tivoli）出生。	

附錄一 蔣揚·欽哲·秋吉·旺楚年表

年代	個人記事	西藏記事
1892		蔣揚·欽哲·旺波（Jamyang Khyentse Wangpo）圓寂。
1894		蔣揚·秋吉·旺波（Jamyang Chökyi Wangpo）出生。
1896		蔣揚·欽哲·秋吉·羅卓（Jamyang Khyentse Chökyi Lodrö）出生。
		噶瑪·欽哲·歐澤（Karma Khyentse Öser）出生。
1897		秋吉·旺波在宗薩寺（Dzongsar monastery）升座。
		佐千·欽哲·古魯·策旺（Dzogchen Khyentse Guru Tsewang）出生。
1900		薩迦·朋波·欽哲·企千·噶旺·圖拓·旺楚 （Sakya Phunpo Khyentse Trichen Ngawang Thutob Wangchug）出生。
1901		秋吉·羅卓正式在噶陀寺（Kathog monastery）升座。
1908		秋吉·旺波圓寂。
1909	蔣揚·欽哲·秋吉·旺楚（Jamyang Khyentse Chökyi Wangchug）出生（3月17日）。	
		德格王國失去其獨立性。
1910		秋吉·羅卓從噶陀寺遷移至宗薩寺。
		頂果·欽哲·拉索·達瓦（Dilgo Khyentse Rabsal Dawa）出生。
1912		清朝最後一位皇帝退位，中華民國誕生，袁世凱擔任總統。
1914		蔣揚·羅迭·旺波（Jamyang Loter Wangpo）圓寂。
1915		德格王多傑·桑給（Dorje Senge）之子策旺·督杜（Tsewang Düdul）出生。
1915	秋吉·旺楚在宗薩寺升座。	
1919		德格受到中藏勢力的影響。
1922	秋吉·旺楚前往阿宗·噶（Adzom Gar）。	
1925-1928	秋吉·旺楚留在水晶蓮洞（Pemashel Phug）內閉關。	
1927		在中國，蔣介石掌管政府。
1930	宗薩寺易手，秋吉·旺楚在德格·貢千寺（Derge Gönchen）建立駐錫地。同一，他被人下毒。	
1932		國民黨控制德格的領土。
1933		第十三世達賴喇嘛圓寂（12月17日）。
		瑞廷（Reting）仁波切擔任攝政王。
1935		第十四世達賴喇嘛出生（7月6日）。
1939		西康省成立（1月）。
		第十四世達賴喇嘛從安多（Amdo）抵達拉薩（10月8日）。
1941		瑞廷仁波切退位。
1942	秋吉·旺楚在西藏中部朝聖。	
	秋吉·旺楚會見瑞廷仁波切。	
	秋吉·旺楚在雅瑪隴（Yamalung）掘取出《寂靜尊雙運》（*Shiwa Yongdü*）伏藏； 在欽布（Chimpu）掘取出《妥賈·雍杜》（*Trogyal Yongdü*）伏藏。	
	秋吉·旺楚從哦巴（Ngorpa）的堪布處領受比丘戒，堪布賜與「吉札·圖佩·天秋·秋吉·嘉措」（Jigdral Thubpai Tenchö Chökyi Gyamtso）的名號。	
		德格王策旺·督杜過世。
1943	秋吉·旺楚返回德格·貢千寺。	

語化身

噶瑪·欽哲·歐澤
Karma Khyentse Oser
（1896–1945）
即佩立·欽哲，
八蚌寺升座

事業化身

蔣揚·欽哲·秋吉·羅卓
Jamyang Khyentse
Chokyi Lodro
（1896–1959）
噶陀寺升座

佐千·欽哲·古魯·策旺
Dzogchen Khyentse
Guru Tsewang
（1897–1945）
佐千寺升座

囊謙·欽哲·昆桑·卓度
Nangchen Khyentse
Kunsang Drodul
（1897–1946）
札·巴美寺升座

欽哲·耶喜
Khyentse Yeshe
（1962–）

宗薩·蔣揚·欽哲·卻吉·嘉措
Dzongsar Khyentse
Rinpoche，
Khyentse Norbu
（1961–）
即宗薩仁波切

吉美·欽哲
Jigme Khyentse
（1963–）

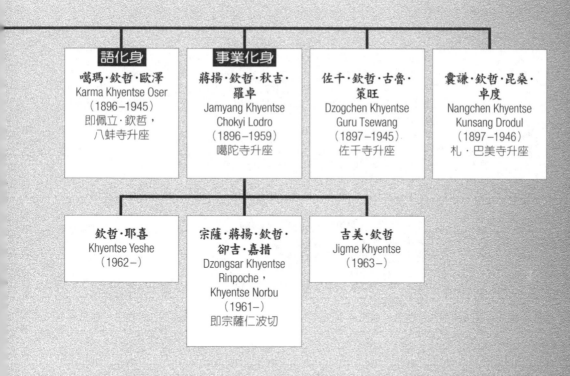

附錄二 蔣揚·欽哲·旺波之轉世

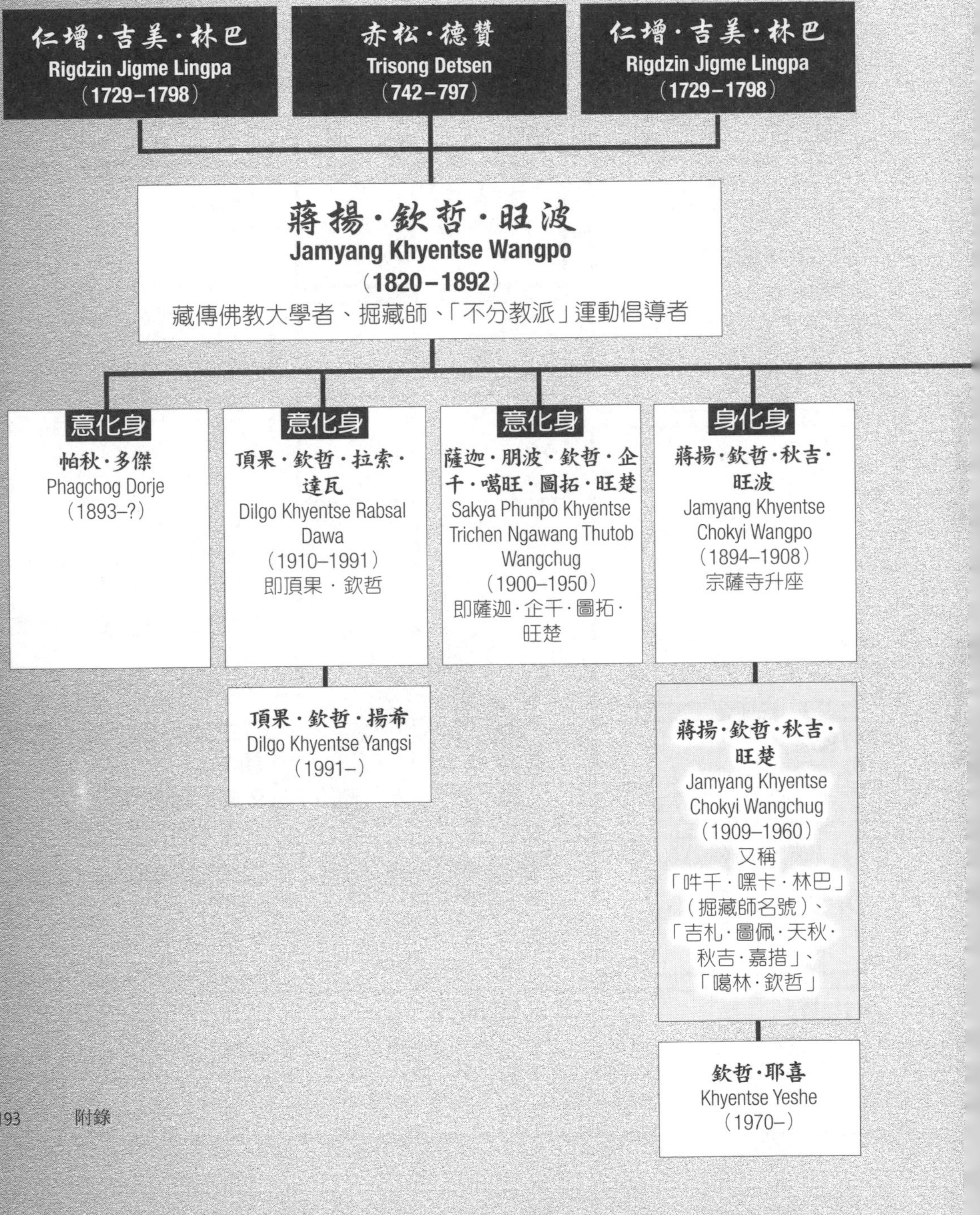

仁增·吉美·林巴
Rigdzin Jigme Lingpa
（1729–1798）
赤松·德贊
Trisong Detsen
（742–797）
仁增·吉美·林巴
Rigdzin Jigme Lingpa
（1729–1798）
蔣揚·欽哲·旺波
Jamyang Khyentse Wangpo
（1820–1892）
藏傳佛教大學者、掘藏師、「不分教派」運動倡導者
意化身
帕秋·多傑
Phagchog Dorje
（1893–?）
意化身
頂果·欽哲·拉索·達瓦
Dilgo Khyentse Rabsal Dawa
（1910–1991）
即頂果·欽哲
頂果·欽哲·揚希
Dilgo Khyentse Yangsi
（1991–）
意化身
薩迦·朋波·欽哲·企千·噶旺·圖拓·旺楚
Sakya Phunpo Khyentse Trichen Ngawang Thutob Wangchug
（1900–1950）
即薩迦·企千·圖拓·旺楚
身化身
蔣揚·欽哲·秋吉·旺波
Jamyang Khyentse Chokyi Wangpo
（1894–1908）
宗薩寺升座
蔣揚·欽哲·秋吉·旺楚
Jamyang Khyentse Chokyi Wangchug
（1909–1960）
又稱
「吽千·嘿卡·林巴」
（掘藏師名號）、
「吉札·圖佩·天秋·秋吉·嘉措」、
「噶林·欽哲」
欽哲·耶喜
Khyentse Yeshe
（1970–）

1915

❖ 宗薩寺升座

1922

❖ 前往阿宗・噶（Adzom Gar，阿宗・竹巴的駐錫地）

1925-1928

❖ 水晶蓮洞（Pemashel Phug）閉關

1930

❖ 駐錫德格・貢千寺（Derge Gonchen）
❖ 被人下毒

1942

❖ 宗・西藏中部朝聖
❖ 會見瑞廷仁波切
❖ 在雅瑪隴（Yamalung）掘取《寂靜尊雙運》（*Shiwa Yongdu*）伏藏
❖ 在欽布（Chimpu）掘取《妥賈・雍杜》（*Trogyal Yongdu*）伏藏
❖ 從哦巴（Ngorpa）的堪布領受比丘戒，賜與「吉札・圖佩・天秋・秋吉・嘉措」（Jigdral Thubpai Tencho Chokyi Gyamtso）的名號

1943

❖ 返回德格・貢千寺

1944

❖ 遷移至噶林騰寺（Galingteng monastery）

1947

❖ 掘取金剛伏藏

1950

❖ 授與南開諾布「忿怒蓮師」、「咕嚕・札普」灌頂
❖ 昆噶・帕登（Kunga Palden）圓寂

1951

❖ 掘取耶宗（Yedzong）伏藏
❖ 人民解放軍先鋒部隊進入拉薩
❖ 昆噶・帕登（Kunga Palden）圓寂

1952

❖ 派遣法王南開・諾布前往宗薩，領受秋吉・羅卓傳授《道果法》
❖ 人民解放軍先鋒部隊進入拉薩
❖ 昆噶・帕登（Kunga Palden）圓寂

1953

❖ 傳授法王南開・諾布《寂靜尊雙運》（*Shiwa Yongdu*）伏藏、《雅希心髓》（*Nyingthig Yazhi*）
❖ 人民解放軍先鋒部隊進入拉薩
❖ 昆噶・帕登（Kunga Palden）圓寂

1956

❖ 傳授法王南開・諾布拉隆（Lhalung）的金剛手伏藏教法

1958

❖ 宗薩寺被毀
❖ 被革命分子帶到柯洛洞（Khorlomdo），夏初，從柯洛洞逃往札處卡（Dzachuka）地區

1959

❖ 遭革命份子逮捕，帶到德格監獄
❖ 達賴喇嘛抵達印度
❖ 秋吉・羅卓在錫金圓寂

1960

❖ 獄中圓寂

1970

❖ 欽哲・耶喜（Khyentse Yeshe，在義大利出生）

欽哲・耶喜
Khyentse Yeshe
（1970–）
在義大利出生

附錄三

蔣揚·欽哲·秋吉·旺楚生平及轉世

蔣揚·欽哲·秋吉·旺波
Jamyang Khyentse Chokyi Wangpo
(1894–1908)
略稱秋吉·旺波

轉世

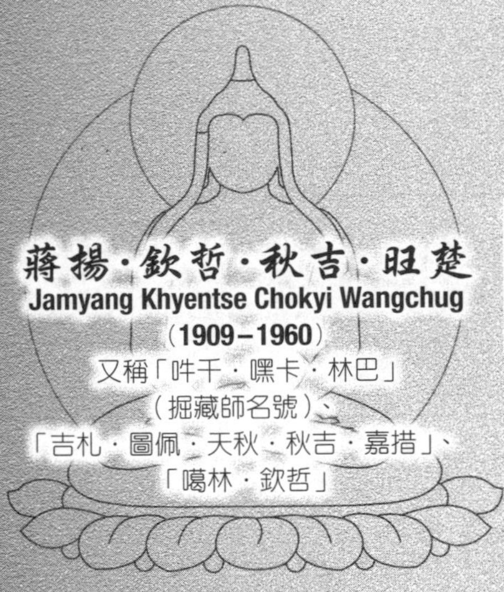

蔣揚·欽哲·秋吉·旺楚
Jamyang Khyentse Chokyi Wangchug
(1909–1960)
又稱「吽千·嘿卡·林巴」
(掘藏師名號)、
「吉札·圖佩·天秋·秋吉·嘉措」、
「噶林·欽哲」

生平

出生

- 父親蔣揚·欽列(Jamyang Trinle)是德格王的官員,出身俄那·蒼(Ngona Tsang)家族。
- 母親桑竹·卓瑪(Samdrub Dronma,秋吉·旺波的姊妹)
- 第五世佐千仁波切圖登·秋吉·多傑(Thubten Chokyi Dorje)、蔣揚·羅迭·旺波(Jamyang Loter Wangpo)和噶陀·錫度·烏金·秋吉·嘉措(Kathog Situ Orgyen Chokyi Gyamtso)認證他為欽哲·旺波的轉世。

上師

- 佐千仁波切秋吉·多傑(Thubten Chokyi Dorje)
- 蔣揚·羅迭·旺波(Jamyang Loter Wangpo)
- 噶陀·錫度·烏金·秋吉·嘉措(Kathog Situ Orgyen Chokyi Gyamtso)
- 蔣揚·欽哲·秋吉·羅卓(Jamyang Khyentse Chokyi Lodro)
- 阿宗·竹巴·卓度·巴沃·多傑(Adzom Drugpa Drodul Pawo Dorje)
- 昆噶·帕登(Kunga Palden)
- 堪布賢嘎(Shenga)
- 蔣賈仁波切(Jamgyal Rinpoche)
- 薩迦·朋波·欽哲·企千·噶旺·圖拓·旺楚(Sakya Phunpo Khyentse Trichen Ngawang Thutob Wangchug)
- 達欽·昆林(Dagchen Kunrin)
- 堪千·天帕(Khenchen Tampa)

附錄四 圖片一覽表

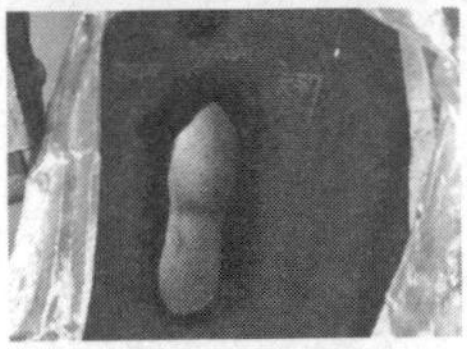

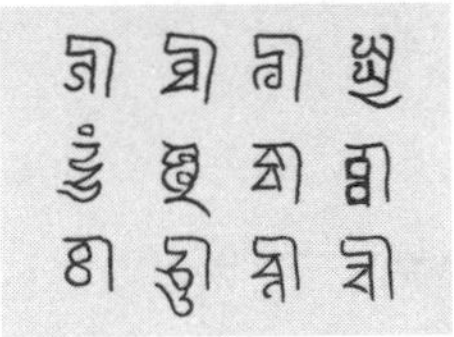

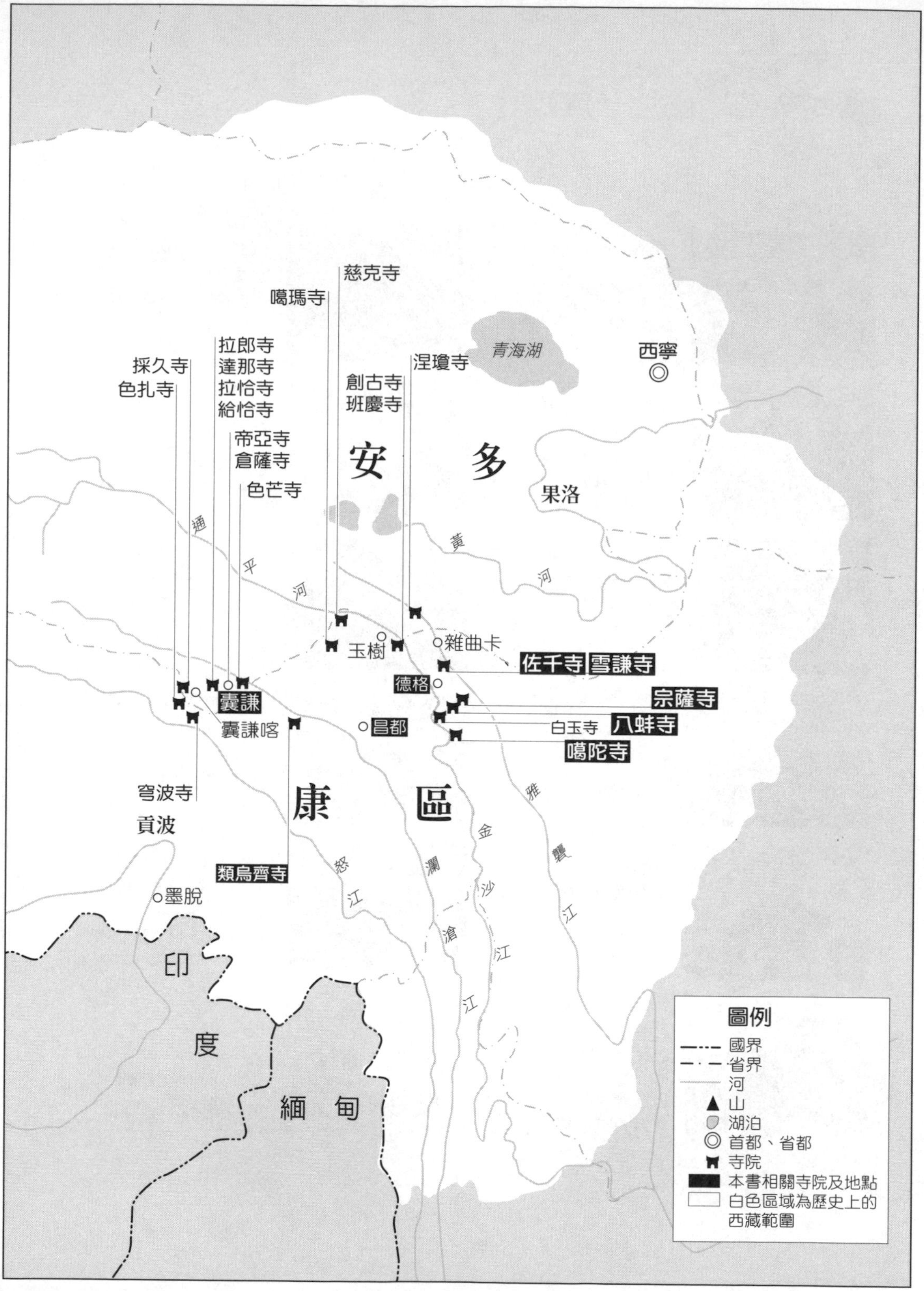
慈克寺
噶瑪寺
拉郎寺
達那寺
拉恰寺
給恰寺
採久寺
色扎寺
創古寺
班慶寺
涅瓊寺
青海湖
西寧
帝亞寺
倉薩寺
色芒寺
安
多
果洛
通
平
河
黃
河
雜曲卡
玉樹
佐千寺
雪謙寺
德格
宗薩寺
囊謙
囊謙喀
昌都
白玉寺
八蚌寺
噶陀寺
穹波寺
貢波
康
區
雅
礱
江
金
沙
江
瀾
滄
江
怒
江
類烏齊寺
墨脫
印
度
緬
甸
圖例
國界
省界
河
山
湖泊
首都、省都
寺院
本書相關寺院及地點
白色區域為歷史上的
西藏範圍

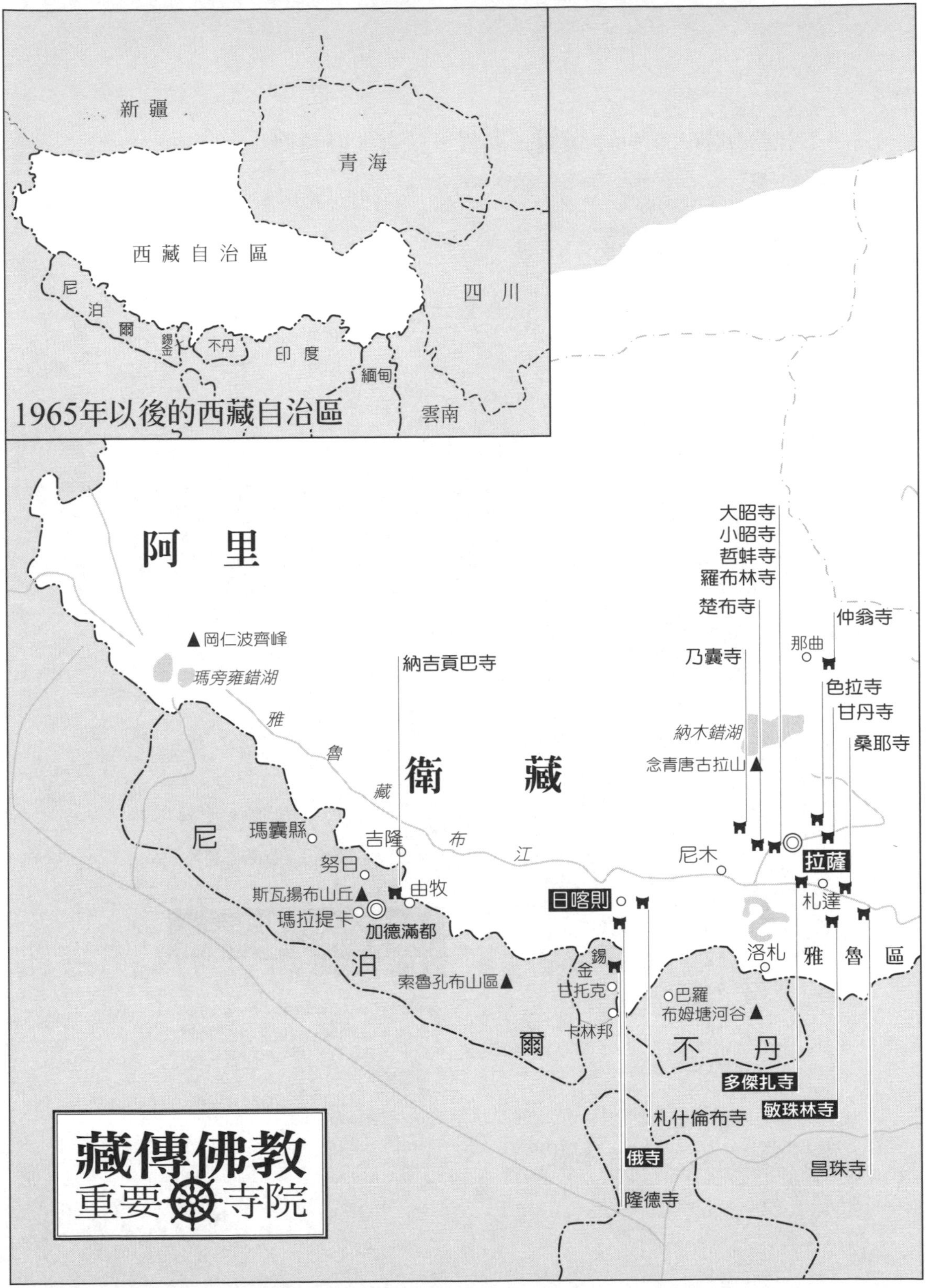
新疆
青海
西藏自治區
四川
尼泊爾
錫金
不丹
印度
緬甸
雲南
1965年以後的西藏自治區
阿里
▲岡仁波齊峰
瑪旁雍錯湖
雅魯藏布江
衛藏
納吉貢巴寺
大昭寺
小昭寺
哲蚌寺
羅布林寺
楚布寺
乃囊寺
仲翁寺
那曲
色拉寺
甘丹寺
桑耶寺
納木錯湖
念青唐古拉山▲
尼
瑪囊縣
吉隆
努日
斯瓦揚布山丘▲
由牧
瑪拉提卡
加德滿都
泊
索魯孔布山區▲
爾
尼木
拉薩
札達
日喀則
洛札
雅魯區
錫金
甘托克
卡林邦
巴羅
布姆塘河谷▲
不丹
多傑扎寺
敏珠林寺
札什倫布寺
俄寺
隆德寺
昌珠寺
藏傳佛教
重要寺院

觀自在系列BA1030

二十世紀欽哲大師傳承：蔣揚・欽哲・秋吉・旺楚傳

作　　者	法王南開・諾布（Chögyal Namkhai Norbu）
譯　　者	項慧齡
文字編輯	釋見澈
特約編輯	曾惠君
美術構成	吉松薛爾
校　　對	魏秋綢
發 行 人	蘇拾平
總 編 輯	于芝峰
副總編輯	田哲榮
業　　務	王綬晨、邱紹溢
行　　銷	陳詩婷
出　　版	橡實文化 ACORN Publishing 臺北市10544松山區復興北路333號11樓之4 電話：02-2718-2001　傳真：02-2719-1308 E-mail：acorn@andbooks.com.tw 網址：www.andbooks.com.tw
發　　行	大雁出版基地 臺北市10544松山區復興北路333號11樓之4 電話：02-2718-2001　傳真：02-2718-1258 讀者傳真服務：02-2718-1258 讀者服務信箱：andbooks@andbooks.com.tw 劃撥帳號：19983379　戶名：大雁文化事業股份有限公司
印　　刷	成陽印刷股份有限公司
初版一刷	2013年7月
初版三刷	2022年3月
定　　價	280元
I S B N	978-986-6362-79-8

國家圖書館出版品預行編目（CIP）資料

二十世紀欽哲傳承大師：蔣揚・欽哲・秋吉・旺楚傳 / 法王南開・諾布(Chögyal Namkhai Norbu)作；項慧齡譯. -- 初版. -- 臺北市：橡實文化出版：大雁文化發行, 2013.07
200面；17×22公分
譯自：The Lamp That Enlightens Narrow Minds: The Life and Times of a Realized Tibetan Master, Khyentse Chökyi Wangchug
ISBN 978-986-6362-79-8(平裝)
1.欽哲 2.藏傳佛教 3.佛教傳記

226.969　　102013358